农村基层干部工作研究

罗心欲 著

天津出版传媒集团

天津人民出版社

图书在版编目（CIP）数据

农村基层干部工作研究 / 罗心欲著 . -- 天津 : 天
津人民出版社 , 2024. 10. -- ISBN 978-7-201-20789-6

Ⅰ . F325.4

中国国家版本馆 CIP 数据核字第 2024VK3646 号

农村基层干部工作研究

NONGCUN JICENG GANBU GONGZUO YANJIU

出　　　版　天津人民出版社
出 版 人　刘锦泉
地　　　址　天津市和平区西康路 35 号康岳大厦
邮政编码　300051
邮购电话　（022）23332469
电子信箱　reader@tjrmcbs.com

责任编辑　郭晓雪
封面设计　卡　索

印　　　刷　武汉鑫佳捷印务有限公司
经　　　销　新华书店
开　　　本　710 毫米 ×1000 毫米　1/16
印　　　张　14
字　　　数　230 千字
版次印次　2025 年 1 月第 1 版　2025 年 1 月第 1 次印刷
定　　　价　72.00 元

目 录

第一章　概述

第一节　农村党的基层组织

一、农村党的基层组织的构成

农村党的基层组织，作为党在农村地区的重要工作基础，具有深厚的组织根基和广泛的群众基础。其主要构成包括乡镇党委和村党支部，这两个层级的组织在推动农村党的建设和农村发展中发挥着核心作用。乡镇党委作为农村党的基层组织的上层机构，在农村地区扮演着举足轻重的角色。它们承载着党的信仰和理念，是党与广大农民群众之间的桥梁和纽带，发挥着承上启下的重要作用。具体来说，乡镇党委负责将党的路线、方针和政策准确、及时地传达到农村地区的每一个角落。它们通过举办讲座、组织培训、发放宣传资料等多种方式，确保农民群众能够全面、深入地了解党的决策部署。这一过程中，乡镇党委始终坚持贴近实际、贴近生活、贴近群众的原则，用通俗易懂的语言和生动的案例，将党的政策与农村地区的实际情况相结合，使农民群众能够真正理解和接受。除了传达党的政策外，乡镇党委还承担着指导和监督村党支部工作的重要职责。它们定期对村党支部的工作进行检查和评估，及时发现问题并提出改进意见，确保党的决策部署能够在农村地区得到有效执行。这种指导和监督不仅提升了村党支部的工作水平，也增强了基层党组织的凝聚力和战斗力。为了推动农村党的建设不断深入，乡镇党委还通过精心组织和周密安排，开展了一系列富有成效的工作。例如，它们加

强党员队伍建设，提高党员的思想政治素质和业务能力；推动党风廉政建设，营造风清气正的政治生态；关注民生问题，积极为群众排忧解难。这些工作的开展，不仅提升了农村党的基层组织的整体形象，也为农村的经济社会发展提供了坚实的组织保障。

村党支部，深深根植于农村地区，是党的基层组织体系中不可或缺的基础单位。它们直接面对着广大的农民群众，肩负着组织和引导党员发挥先锋模范作用的重要使命，以此带领群众共同前进，助力农村的全面进步和繁荣。在日常工作中，村党支部紧密结合农村实际，通过多样化的方式组织农业生产，推动农村经济的稳步发展。它们积极引进和推广先进的农业技术，提供农业生产的指导和帮助，确保农民能够科学种植养殖、合理耕作，从而提高农产品的产量和质量，增加农民的经济收入。同时，村党支部还注重加强农村社会治理，努力营造和谐稳定的农村社会环境。它们深入了解群众的需求和诉求，积极协调解决农村地区的矛盾纠纷，推动形成良好的乡风。通过举办各类文化活动、加强法治宣传教育等方式，村党支部不断提升农民群众的文化素养和法治意识，为农村地区的长远发展奠定坚实的社会基础。

此外，村党支部始终将党的关怀和温暖传递给每一个农民家庭。它们关心群众的生活状况，积极帮助困难家庭解决实际问题，让农民群众真切感受到党的关爱和温暖。在灾害发生时，村党支部更是冲锋在前，组织抗灾救灾工作，确保农民群众的生命财产安全。

二、农村党的基层组织的基本职能

1. 宣传党的路线、方针、政策

农村党的基层组织在党的工作体系中扮演着举足轻重的角色，它们的基本职能之一是宣传党的路线、方针和政策。作为党的声音在农村地区的坚定传播者，这些基层组织通过多种形式，将党的决策部署以深入浅出、通俗易懂的方式传达给广大农民群众。

在宣传内容上，农村党的基层组织始终坚持以农民群众为中心，将党的政策与农村实际相结合。它们重点宣传党的支农惠农政策、乡村振兴战略等与农民群众切身利益密切相关的内容，让农民群众感受到党的关怀和温暖。同时，针对农村地区存在的问题和困难，积极宣传党的解决方案和措施，引导农民群众正确理解并支持党的决策部署。

在宣传过程中，农村党的基层组织注重采用多样化的宣传手段。它们通过举办讲座、研讨会等活动，邀请专家学者或优秀党员为农民群众讲解党的政策内容和实施意义。同时，制作并发放宣传材料，如宣传册、海报等，以图文并茂的形式展示党的路线、方针和政策，使农民群众能够更直观地了解党的决策部署。此外，利用新媒体平台，如微信公众号、网站等，及时发布党的最新政策和动态，扩大宣传覆盖面，提高宣传效率。

在宣传过程中，农村党的基层组织还注重与农民群众的互动交流。它们通过召开座谈会、走访农户等方式，深入了解农民群众的思想动态和实际需求，及时解答他们的疑惑和困难。这种互动式的宣传方式不仅增强了农民群众对党的认同感和归属感，还促进了党的政策在农村地区的顺利实施。

2. 组织党员学习和交流

农村党的基层组织深知党员的学习与交流对于党的建设和农村发展的重要性。因此，它们将组织党员学习和交流作为一项基本职能，并致力于创造一个良好的学习环境，以促进党员的全面发展。

在学习方面，农村党的基层组织定期安排各类学习活动。这些活动内容丰富，涵盖了党的理论知识、政策法规、农业科技知识等多个领域。通过学习党的理论知识，党员们可以更加深入地理解党的宗旨和使命，坚定理想信念。学习政策法规则有助于党员们更好地依法办事，维护农村社会的和谐稳定。而农业科技知识的学习，则能够提升党员们在农业生产中的专业技能，推动农村经济的持续发展。

此外，农村党的基层组织还鼓励党员之间的交流与合作。它们搭建平台，如定期举办座谈会、研讨会等，让党员们有机会分享学习心得、交流工作经验。这种交流与合作不仅能够促进党员之间的互相了解，还能够激发新的工作思路和方法，共同为农村地区的繁荣做出贡献。

在组织党员学习和交流的过程中，农村党的基层组织始终坚持以党员为本，注重实效。它们根据党员的实际需求和学习进度，灵活调整学习内容和方式，确保学习活动的针对性和有效性。同时，基层组织还注重对学习成果的考核与反馈，及时总结经验教训，不断优化学习机制，为党员的持续成长提供有力保障。

3. 服务群众，了解并满足农民需求

农村党的基层组织深知，服务群众并满足农民的需求是其核心使命之一。这些基层组织始终将农民群众的利益放在首位，通过多种方式深入了解他们的实际需求和所面临的困难。

为了更加准确地把握农民的需求，农村党的基层组织会定期开展走访调研活动。它们组织党员和工作人员深入田间地头、农户家中，与农民面对面交流，倾听他们的声音。通过这种方式，基层组织能够直接了解到农民在生产生活中遇到的各种问题，如农业生产技术难题、农产品销售困境、基础设施建设不足等。

在了解到农民的需求后，农村党的基层组织会积极协调各方资源，为农民提供有针对性的帮助和支持。它们可能会联系农业专家为农民提供技术指导，或者协助农民开拓销售渠道，解决农产品滞销问题。同时，基层组织还会关注农村基础设施建设，努力争取政府和社会各界的支持，改善农村的交通、水利、电力等条件，为农民的生产生活提供便利。

除了直接服务农民的生产生活需求外，农村党的基层组织还致力于推动农村教育、文化、卫生等社会事业的发展。它们关注农村学校的办学条件，努力改善农村教育环境；支持农村文化活动的开展，丰富农民的精神文化生活；加强农村医疗卫生体系建设，提升农民的医疗健康水平。这些

举措旨在促进农村地区的全面发展，让农民能够享受到更加均衡、优质的社会服务。

4. 发现和培养农村优秀人才

农村党的基层组织在推动农村发展中，始终重视人才的培养和发掘。它们深知，优秀的人才是推动农村进步的关键力量，因此将发现和培养农村优秀人才作为一项重要职能。

为了发掘潜藏在民间的优秀人才，农村党的基层组织会通过多种渠道进行广泛寻找。它们会与村委会、农村合作社等组织保持紧密联系，了解当地的人才储备情况；同时，还会通过举办各类活动，如技能大赛、文艺演出等，让有才华的农民有机会展示自己的才能。通过这些方式，基层组织能够及时发现那些具有特殊才能或突出贡献的农民，为他们提供进一步发展的机会。

在发现优秀人才后，农村党的基层组织会积极组织培训和学习活动，以提升这些人才的素质和能力。它们会根据不同领域的需求，制定相应的培训计划，邀请专家授课或组织外出学习交流。这些培训活动旨在帮助优秀人才拓宽视野、增长知识，提高他们的专业技能和综合素质。

此外，农村党的基层组织还会与上级党组织保持紧密联系，为优秀人才推荐更广阔的发展空间。它们会向上级党组织汇报当地的人才情况，争取更多的政策支持和资源倾斜；同时，还会积极推荐表现突出的优秀人才参与更高级别的培训或担任重要职务，为他们的职业发展搭建更高的平台。

通过这些举措，农村党的基层组织旨在优化农村的人才结构，为农村地区的长远发展注入新的活力和动力。它们相信，只有培养和留住优秀人才，才能推动农村的持续发展和繁荣。因此，基层组织将继续努力发掘和培养农村优秀人才，为乡村振兴贡献更多的智慧和力量。

第二节 农村党的基层组织建设

一、完善组织架构

加强农村党的基层组织建设，完善组织架构是其重要基石。这一工作的推进，如同精心绘制一幅组织蓝图，确保党的决策和部署能够如丝如缕地传达到每一个党员和群众的心中。在这个过程中，建立健全基层组织体系是关键所在。乡镇党委、村党支部等基层组织的设立和完善，如同构建起了党的神经末梢，使得党的声音能够清晰、准确地传递到农村的每一个角落。这些基层组织不仅是党的决策部署的执行者，更是联系党员和群众的桥梁和纽带，它们的存在让党的关怀和温暖能够实实在在地传递给每一个农民家庭。同时，优化组织架构也是加强农村党的基层组织建设的重要环节。明确各级组织的职责和权力，形成科学、合理、高效的工作机制，是确保基层组织高效运转的关键。这种优化不仅体现在组织架构的合理性上，更体现在工作机制的顺畅和高效上。通过明确职责、合理分工、协同配合，各级基层组织能够形成强大的工作合力，推动农村党的建设工作不断向前发展。在完善组织架构的过程中，还需要注重制度建设和规范化管理。建立健全各项规章制度，确保基层组织的各项工作有章可循、有据可查。同时，加强对基层组织的监督和管理，确保其能够严格按照党的要求履行职责、开展工作。这种制度化和规范化的管理方式，不仅能够提高基层组织的工作效率和质量，更能够增强其凝聚力和战斗力，为农村党的建设提供坚实的组织保障。

二、选拔优秀领导

选拔优秀领导，是农村党的基层组织建设中的核心环节。这如同为基层组织这艘航船配备了一位经验丰富的船长，引领着整个团队在风浪中稳健前行。在选拔过程中，我们注重民主原则，通过民主选举等方式，让广大党员和群众参与到领导人的选择中来。这种方式不仅体现了党的群众路线，更确保了所选出的领导人具有深厚的群众基础。对于领导人的选拔标准，我们始终坚持高标准、严要求。政治觉悟高、工作能力强、在群众中有威信，这些标准如同一道道门槛，确保所选出的领导人既具备坚定的政治信仰，又有过硬的工作能力，更能在群众中树立起良好的形象。优秀领导的选拔，为农村党的基层组织注入了新的活力和动力。他们的存在，如同一面旗帜，引领着基层组织和广大党员不断前进。在他们的带领下，基层组织能够更好地发挥其在农村工作中的引领作用，推动党的各项决策部署在农村地区得到有效落实。这种引领作用不仅体现在组织上的凝聚力和战斗力提升，更体现在对农村发展繁荣的积极推动上。

三、加强制度建设

加强制度建设，对于农村党的基层组织建设而言，如同为大厦奠定坚实的基石。制度是组织运行的准则和保障，只有建立健全各项规章制度，才能确保基层工作有序开展、稳步推进。在农村党的基层组织建设中，制定和完善各项规章制度显得尤为重要。这些制度包括党员管理制度、组织生活制度、民主决策制度等，它们如同组织的血脉和筋骨，为基层组织的运转提供了必要的支撑和保障。其中，党员管理制度能够规范党员的行为，确保他们始终发挥先锋模范作用；组织生活制度能够加强党员之间的交流和团结，提升组织的凝聚力和战斗力；民主决策制度则能够确保基层组织的决策科学、合理，反映广大党员和群众的意愿。然而，制度的生命力在于执行。仅仅制定出一纸空文是远远不够的，必须加强对制度执行情况的监督检查，确保各项制度能够得到有效落实。这种监督检查不仅要关注制度的表面执行情况，更要深入挖掘制度执行过程中存在的问题和困难，及时加以解决和改进。同时，还

要注重制度的宣传和教育，提高广大党员和群众对制度的认识和遵守意识。

四、加强党员教育和管理

加强党员教育和管理，是农村党的基层组织建设中的一项基础性、长期性工作。党员作为基层组织的细胞，其素质和能力的高低直接影响着整个组织的健康状况和战斗力。为了不断提升党员的政治觉悟、业务能力和道德素质，农村党的基层组织需要定期组织丰富多彩的学习培训活动。这些活动可以包括党课学习、专题讲座、实践锻炼等多种形式，旨在帮助党员全面系统地掌握党的理论和路线方针政策，增强服务群众的本领和意识。通过学习培训，党员们能够不断充实自我、提高自我，更好地适应新时代农村工作的新要求。同时，加强对党员的监督和管理也是必不可少的。基层组织需要建立健全党员管理机制，及时掌握党员的思想动态、工作表现和生活情况。对于存在的问题和不足，要及时发现并进行有针对性的帮助和教育。这种监督和管理并不是对党员的束缚和限制，而是为了更好地促进他们的成长和进步，确保他们始终保持共产党员的先进性和纯洁性。在农村党的基层组织建设中，加强党员教育和管理是一项系统工程，需要长期坚持和不断推进。只有这样，才能打造出一支政治过硬、本领高强、作风优良的党员队伍，为农村地区的发展繁荣提供坚实的组织保障和人才支撑。

五、密切联系群众

密切联系群众，是农村党的基层组织建设的永恒主题。群众是历史的创造者，是党的力量源泉和胜利之本。在农村地区，群众更是党的基层组织建设的根基和支撑。

为了深入了解群众的需求和意愿，农村党的基层组织需要经常性地开展走访调研活动，与群众面对面交流，倾听他们的心声和诉求。这种交流不仅要关注群众的物质需求，更要关注他们的精神需求和文化需求，全面了解群众的生活状况和发展愿望。在了解群众需求的基础上，农村党的基层组织要积极为群众服务，帮助他们解决实际困难。这种服务可以是生产上的帮助，如提供农业技术支持、帮助销售农产品等；也可以是生活上的关怀，如修建道路、改善供水供电设施等。无论哪种形式的服务，都要以群众满意为标准，确保服务的质量和效果。

同时，广泛听取群众的意见和建议也是密切联系群众的重要途径。农村党的基层组织要建立健全民意反馈机制，及时收集、整理和分析群众的意见和建议，将其作为改进工作的重要依据。对于群众关心的问题，要及时反映和解决，确保群众的合法权益得到保障。通过密切联系群众，农村党的基层组织能够增强群众对党的信任和支持，巩固党的执政基础。这种信任和支持是无形的财富，是推动农村地区发展繁荣的强大动力。因此，农村党的基层组织要始终坚持密切联系群众的工作路线，不断提高服务群众的能力和水平。

第二章　农村基层干部角色地位

第一节　基层干部肩负着建设新农村的重任

一、战斗力与凝聚力：基层干部的核心素质

在战斗力方面，基层干部所展现出的品质和能力，无疑是对党的忠诚和对人民热爱的最好诠释。他们不仅是党的路线、方针、政策的坚定执行者，更是农村地区经济社会发展的有力推动者。面对困难和挑战，基层干部总是勇往直前，毫不退缩。他们深知自己的责任和使命，明白只有勇于担当，才能为党和人民交上一份满意的答卷。在这种信念的支撑下，基层干部展现出了顽强的意志和坚定的决心，无论遇到多大的困难和挑战，都能够迎难而上，攻坚克难。更为难得的是，基层干部在坚决执行党的路线、方针、政策的同时，还能够根据农村的实际情况，创造性地开展工作。他们深入了解农村的现状和需求，因地制宜地制定发展计划和实施方案，推动农村经济社会的持续发展。这种战斗力不仅体现在对政策的执行上，更体现在对政策的创新和发展上。

在凝聚力方面，基层干部之间的团结协作展现出了令人赞叹的力量。他们不仅仅是同事，更是志同道合的战友，共同为新农村建设的伟大事业并肩作战。心往一处想，劲往一处使，这种高度一致的行动和强大的合力，成为他们战胜一切困难和挑战的重要法宝。这种凝聚力不仅深深根植于基层干部之间的相互支持和帮助之中，更在于他们与群众之间建立起的紧密联系。基

层干部深知，只有广泛团结和发动群众，才能真正激发出新农村建设的磅礴力量。他们深入田间地头，与群众面对面交流，倾听他们的心声和诉求，积极解决他们的困难和问题。通过实际行动，基层干部赢得了群众的信任和支持，将他们紧紧团结在党的周围。

在新农村建设的征程上，这种凝聚力发挥着至关重要的作用。它让基层干部能够相互学习、相互借鉴，共同提高工作能力和水平。同时，它也让基层干部能够广泛汇聚群众的智慧和力量，形成推动农村发展的强大动力。这种凝聚力是宝贵的财富，是推动农村地区实现全面振兴的坚实基石。

正是有了这样一支具备强大战斗力和凝聚力的基层干部队伍，新农村建设才有了坚实的组织保障和人才支撑。他们用自己的实际行动，诠释着对党和人民的忠诚与担当，为新农村的繁荣与发展贡献着自己的力量。

二、关键作用：推动农村发展的中坚力量

1. 党的路线方针政策的忠实执行者

基层干部深刻理解自身角色，他们明白自己是党的路线方针政策的坚定执行者和传播者。为了确保党的政策能够准确、及时地传达到农村的每一片土地、每一个家庭，他们付出了巨大的努力和心血。这些基层干部通过系统的学习和培训，不仅全面掌握了党的政策内容和精神实质，更能结合农村的实际情况，制定出行之有效的实施策略。他们在执行政策时，既注重表面的严格执行，更追求政策背后的深层意义和长远影响。这种对政策的深入理解和全面把握，使得他们能够在农村工作中游刃有余，确保政策得到真正的落实和执行。为了更好地向农民群众宣传党的政策，基层干部还善于运用各种传播手段和渠道。他们通过召开村民大会、利用广播和宣传栏等方式，用通俗易懂的语言向农民群众详细解读政策内容和意义。这种接地气的宣传方式，不仅让农民群众能够真正了解和明白党的政策，更激发了他们对党的拥护和支持。

2. 农民群众利益的坚定维护者

基层干部始终坚守着以农民群众利益为核心的原则，他们深知自己的根基在农村，力量在农民群众之中。为了更好地了解农民群众的需求和期盼，基层干部经常深入田间地头、农户家中，与农民群众拉家常、话农事，用心倾听他们的声音。在日常工作中，基层干部将农民群众的利益诉求放在心头，将他们的冷暖安危挂在嘴边。无论是农业生产中的技术指导，还是生活中的点滴关怀，基层干部都尽心尽力为农民群众服务。当农民群众遇到困难和问题时，基层干部更是义无反顾地站出来，想方设法为他们排忧解难。在推动农村发展的过程中，基层干部始终坚持以农民群众的需求为导向，将各项惠农政策落到实处。他们积极争取政策资源，为农民群众争取更多的实惠和利益。同时，他们还注重激发农民群众的内生动力，引导他们积极参与农村建设和发展，共同创造更加美好的生活。可以说，基层干部是农民群众利益的坚定维护者，他们用实际行动诠释着对农民群众的深厚情感和对农村事业的忠诚担当。他们的付出和努力，赢得了农民群众的广泛认可和衷心拥护，也为农村的发展和繁荣奠定了坚实的基础。

3. 农村发展的积极推动者

基层干部是推动农村发展的中坚力量，他们深入农村、了解农村，对农村的发展有着深厚的感情和独到的见解。他们凭借丰富的实践经验和敏锐的洞察力，能够准确把握农村发展的脉搏和趋势，为农村发展指明方向。在经济发展方面，基层干部积极引导农民群众转变思想观念，调整产业结构，大力发展特色产业和现代农业。他们通过引进新技术、新品种和新模式，推广先进的农业生产方式和管理经验，提高农业生产效益和市场竞争力。同时，基层干部还注重培育新型农业经营主体和职业农民，鼓励农民走专业化、规模化、集约化的现代农业发展道路，为农村经济发展注入新的活力。除了经济发展，基层干部在推动农村社会全面进步方面也发挥着重要作用。他们致力于加强农村基础设施建设，改善农村生产生活条件，提高公共服务水平。通过修建道路、兴修水利、建设新农村等措施，让农民群众享受到更加便捷、舒适的生活。同时，基层干部还积极推动文化教育事业发展，加强农村思想道德建设和公共文化建设，提高农民群众的文化素质和综合素养，为农村社会的全面进步提供有力支撑。

第二节 基层党员干部是最具战斗力的"部队"

其一，作为党的路线方针政策的忠实执行者，基层干部承载着将党的声音和政策传递给农村广大群众的重要使命。他们深入田间地头，穿梭于村落之间，通过组织丰富多彩的学习活动、召开富有成效的会议，以及入户进行面对面的政策宣传，确保每一位农民群众都能及时、准确地了解到党的政策内容和精神。在这个过程中，基层干部不仅仅是简单的"传声筒"，他们更是党的政策的解读者和引导者。他们结合农村的实际情况，用通俗易懂的语言和生动鲜活的实例，为农民群众详细解读政策条款，帮助他们理解和掌握政策要点。同时，他们还创造性地贯彻落实党的政策，根据农民群众的具体需求和期望，灵活调整政策执行方式，使之更加贴近农村实际，更加符合农民群众的利益诉求。基层干部的这种忠实执行和创造性落实相结合的工作方式，不仅确保了党的政策在农村的广泛传播和深入人心，也有效地推动了农村各项工作的顺利开展。他们的辛勤付出和无私奉献，赢得了农民群众的广泛认可和衷心拥护。

其二，基层干部始终将农民群众的利益放在心中最高的位置，他们不仅是政策的执行者，更是农民群众利益的坚定维护者。在日常工作中，他们深入农户、田间地头，与农民群众面对面交流，倾听他们的声音，了解他们的生产生活状况，用心感受他们的喜怒哀乐。对于农民群众的诉求和愿望，基层干部总是积极反映，尽力争取政策支持和资源倾斜，努力为他们排忧解难。他们深知，农民群众的利益无小事，每一个诉求背后都关系着一个家庭、一片土地的未来。因此，在涉及农民群众切身利益的问题上，基层干部始终坚

持公平公正的原则，不偏不倚、不徇私情，敢于担当、勇于负责。他们用自己的实际行动诠释着对农民群众的深厚情感和对农村事业的忠诚担当。在农民群众心中，基层干部是他们最可信赖的人，是他们利益的坚定维护者。这种信任和支持，也成为基层干部不断前行、为农村发展贡献力量的最大动力。

其三，基层干部在推动农村发展的进程中，发挥着举足轻重的作用。他们深入农村一线，通过细致的走访调研和科学的数据分析，精准识别农村发展的独特优势和巨大潜力。在此基础上，基层干部积极引导和助力农民群众更新观念、提升素质，激发他们内在的创造力和发展动力。为了推动农村经济的持续繁荣，基层干部不仅关注传统农业的提升，还致力于推动农村经济结构的优化和产业升级。他们通过引进先进技术、培育新兴产业等有效措施，为农村经济发展注入了源源不断的新活力，带领农民群众走上了增收致富的快车道。除了经济发展，基层干部还全面关注农村社会的整体进步。他们积极推动农村教育、文化、卫生等各项社会事业的发展，努力提升公共服务水平，让农民群众在家门口就能享受到优质的教育资源、丰富的文化生活和便捷的医疗服务。这些努力不仅显著提升了农民群众的生活质量和幸福感，也为农村社会的和谐稳定奠定了坚实基础。可以说，基层干部是农村发展的坚强引领者和忠实推动者。他们用实际行动诠释着对农村事业的深厚情感和对农民群众的无限关爱，为农村的全面发展和繁荣贡献了自己的智慧和力量。

第三节　发展农村经济，基层干部是先锋队伍

一、先锋模范作用：引领农村经济发展方向

1. 敏锐的市场洞察力

在农村经济的广阔天地中，基层干部以他们独到的市场洞察力，扮演着引领方向的先锋角色。他们深入田间地头，与农民朋友心贴心交流，通过细

致的调研和观察，敏锐地捕捉到农村经济发展中的每一个新机遇和新趋势。

这些基层干部，如同经验丰富的航海家，凭借着对市场的深刻理解和敏锐感知，为农村经济发展描绘出一幅幅生动的蓝图。他们不仅关注新兴产业的萌芽，也重视传统产业的蜕变，以全面的视角审视农村经济的发展变化。

在市场经济的浪潮中，他们敏锐地捕捉到每一个细微的变化，及时调整农村经济发展策略，确保农民朋友们能够紧跟市场步伐，抓住机遇，实现增收致富的目标。他们的这种能力，不仅为农村经济发展指明了方向，也为广大农民提供了实实在在的帮助和支持。

在推动农村经济发展的过程中，基层干部始终坚持以市场为导向，以农民为主体，充分发挥自身的引领和带动作用。他们用实际行动诠释着先锋模范的精神，为农村经济的繁荣发展贡献着自己的智慧和力量。

此外，他们的工作不仅仅停留在市场调研和策略制定上，更体现在对农民群众的耐心指导和无私帮助上。他们通过组织培训、提供技术咨询、推广新品种新技术等方式，帮助农民朋友们提高生产技能和市场竞争力，实现增产增收的目标。

2. 显著的创新能力

在农村经济发展的舞台上，基层干部的创新能力熠熠生辉。他们并未满足于沿袭传统的经济发展轨迹，而是勇于挣脱束缚，以开拓者的姿态探索新的方法和路径。通过积极引进现代农业科技，他们让科技的种子在农村土地上生根发芽，结出丰硕的果实。推广先进的农业管理理念，他们引导农民朋友们转变观念，以更加科学、高效的方式从事农业生产。打造特色农产品品牌，他们让农村的优质产品走出乡村，走向更广阔的市场，赢得了消费者的青睐。

这些创新举措，如同一股股清泉，为农村经济发展注入了新的活力。在基层干部的带领下，农村经济逐渐摆脱了传统模式的束缚，迎来了转型升级的崭新篇章。农业生产效率得到了显著提升，农民朋友们的收入也随之水涨船高。新的增收渠道被开辟出来，为农村经济的持续发展奠定了坚实的基础。

在这片充满希望的土地上，基层干部的创新能力正在绘就一幅幅美丽的画卷。他们以实际行动诠释着创新的力量，让农村经济发展焕发出勃勃生机。在他们的引领下，农村经济必将迎来更加美好的明天。

3. 引导转变经济发展方式

在基层干部的心中，农村经济发展的未来必须与绿色、可持续的理念紧密相连。他们清晰地认识到，过往那种资源消耗大、环境污染重的粗放型经济增长方式，已经无法满足当代社会对生态文明和可持续发展的追求。因此，引导农民群众转变经济发展方式，成为他们肩头的一项重要使命。

为了实现这一转变，基层干部倾注了大量的心血和智慧。他们精心组织各类培训班，邀请专家学者传授现代农业知识和技术，帮助农民群众开阔视野，增长见识。同时，他们还组织农民群众到先进的示范区进行现场观摩，让大家亲身感受绿色、可持续农业的巨大潜力和美好前景。此外，基层干部还利用各种渠道和平台，广泛开展宣传教育活动，普及绿色发展理念，引导农民群众自觉摒弃陈旧的生产方式，拥抱新的发展模式。

在他们的不懈努力下，越来越多的农民群众开始转变观念，积极投身到绿色、可持续的农业生产实践中去。他们注重生态保护，合理利用资源，努力减少农业生产对环境的负面影响。同时，他们还积极采用先进的农业技术和管理方法，提高农业生产效率，实现增产增收的目标。

这种转变不仅让农村经济发展焕发出新的生机和活力，也为广大农民群众带来了实实在在的福祉。在他们的共同努力下，我们相信农村经济一定会走上一条更加绿色、更加可持续的发展道路。

二、推动农业现代化：基层干部的重要使命

1. 农业科技推广的桥梁

在迈向农业现代化的道路上，科技推广被视为关键一环，而基层干部则扮演着这座桥梁的重要角色。他们深知，将先进的农业技术和装备引入农田，

对于提升农业生产效率和产品品质具有不可替代的作用。因此，他们致力于学习、掌握并传播最新的农业科技知识，确保这些成果能够真正惠及广大农民群众。

为了实现这一目标，基层干部不仅积极参与各类农业科技培训，还主动将所学知识和技术运用到实际工作中。他们通过组织现场示范、制作教学视频、编写实用手册等方式，将复杂的农业科技知识以通俗易懂的形式传递给农民群众。在这个过程中，他们耐心解答农民的疑问，手把手教授新技术和新装备的使用方法，确保农民能够真正掌握并运用到生产实践中去。

在他们的不懈努力下，越来越多的农民开始接触并采纳现代化的农业生产模式。新技术和新装备的应用，不仅显著提高了农业生产效率，还降低了劳动强度，增加了农产品的附加值。农民们亲身感受到了科技带来的巨大变革和丰厚回报，对基层干部的工作表示由衷的感激和认可。

基层干部在农业科技推广方面的付出和努力，为农业现代化的推进奠定了坚实的基础。他们的工作成果不仅体现在农民增收的喜悦中，更展现在农村经济发展的繁荣景象里。未来，随着农业科技的不断进步和基层干部的持续努力，我们相信农业现代化将迈出更加坚实的步伐。

2. 产业结构调整的引领者

在农村广袤的土地上，市场需求如风云变幻，农业技术日新月异。为了适应这些变化，农村产业结构必须进行灵活而富有远见的调整。在这一历史性的进程中，基层干部站在了时代的前沿，发挥着不可或缺的引领作用。

他们并未盲目行动，而是深入田间地头，与农民朋友面对面交流，倾听他们的声音，感受他们的期盼。通过细致的调研和精准的市场分析，基层干部敏锐地捕捉到农业发展的新趋势和市场需求的新动向。这些宝贵的信息，成为他们引领产业结构调整的重要依据。

基于深入的了解和准确的判断，基层干部积极推动农村产业向多元化、特色化方向发展。他们因地制宜，培育新兴产业，让农村的土地和资源焕发出新的生机；他们壮大主导产业，让优势更加明显，竞争力更加强大；他们

优化传统产业，让经典焕发新活力，与时俱进。

在他们的引领下，农村产业结构经历了一场深刻的变革。农业生产效率和质量得到了显著提升，农产品的品种更加丰富，品质更加优良。这不仅满足了市场日益多样化的需求，也为农民朋友打开了新的增收大门。农村经济的活力和竞争力因此得到了显著增强，呈现出欣欣向荣的繁荣景象。

基层干部的引领作用，不仅体现在对产业结构的调整上，更体现在对农民朋友思想观念的更新上。他们以实际行动诠释着创新和发展的力量，激励着广大农民朋友拥抱变化，迎接挑战，共同开创农村经济发展的美好未来。

3. 优化升级的推动者

在农业现代化的宏伟进程中，基层干部以坚定的步伐和务实的作风，积极推动着农村经济的优化升级。他们深知，农业现代化不仅关乎生产技术的革新，更涉及管理、经营等多个层面的现代化转型。

在农业产业链的建设和完善方面，基层干部倾注了大量心血。他们深入调研，了解产业链中的薄弱环节和潜在机遇，推动农业生产、加工、销售等环节的有机融合。通过引进先进技术和设备，提升农产品加工水平，增加农产品的附加值，从而为农民群众带来更加丰厚的收益。

同时，基层干部对农业生态环境的保护也给予了高度重视。他们深知绿色农业、生态农业对于农业可持续发展的重要性，因此积极推动相关理念和技术的普及应用。通过推广生态种植模式、减少化肥农药使用等措施，努力保护农村生态环境，为农业生产提供可持续的支撑。

在推动农村经营模式创新方面，基层干部同样展现出了卓越的领导力和前瞻性。他们积极引导和支持农民成立专业合作社、家庭农场等新型农业经营主体，这些创新实践不仅提高了农民的组织化程度和市场竞争力，更有效优化了农村经济结构。通过新型经营主体的培育和发展，农村经济焕发出新的生机和活力，为农民群众开辟了更加广阔的增收渠道。

三、提升社会治理水平：基层干部的重要职责

1. 加强农村社会治安综合治理

农村社会治安，作为基层社会治理的基石，其重要性不言而喻。基层干部深知，维护农村社会治安，不仅关乎农民群众的人身财产安全，更关乎农村社会的和谐稳定。因此，他们将加强农村社会治安综合治理作为一项重要职责来履行。

为了构建安全、和谐的农村社会环境，基层干部致力于建立健全农村社会治安防控体系。他们通过加强巡逻防控，让农民群众感受到安全就在身边。同时，他们还注重技防建设，运用现代科技手段，提升治安防范能力。这些措施共同织就了一张严密的农村社会治安防控网，为农民群众的生产生活保驾护航。

除了日常的治安防范工作，基层干部还密切关注农村社会矛盾纠纷的排查化解工作。他们深知，矛盾纠纷如不及时化解，很容易演变为治安问题甚至刑事案件。因此，他们通过走访群众、调查研究等方式，及时发现和处理各类矛盾纠纷，努力将矛盾化解在萌芽状态。在处理矛盾纠纷时，基层干部始终秉持公正、公平的原则，依法依规进行处理，确保农民群众的合法权益得到保障。

为了更好地服务农民群众，基层干部还注重加强与他们的沟通交流。他们通过定期召开座谈会、走访农户等方式，了解农民群众的利益诉求，积极为他们排忧解难。这种亲民、务实的工作作风，不仅增强了农民群众对基层社会治理的信任感和归属感，也为农村社会治安综合治理工作的顺利开展奠定了坚实的群众基础。

2. 推动农村公共服务体系建设和完善

农村公共服务体系，作为提升农民群众生活质量的重要支撑，其建设和完善一直备受关注。基层干部深知，农民群众的基本生活需求能否得到满足，

直接关系到他们的幸福感和获得感。因此，推动农村公共服务体系建设和完善，成为基层干部义不容辞的责任。

在推动农村公共服务体系建设的过程中，基层干部将农村基础设施建设作为重中之重。他们明白，道路、水利、电力、通信等基础设施的完善，是农村发展的先决条件。因此，他们积极争取政策支持和资金投入，加强农村道路建设，改善农村交通状况；兴修水利设施，保障农田灌溉和农民饮水安全；推进农村电网改造和通信网络建设，让农民群众享受到便捷、高效的服务。

除了基础设施建设，基层干部还注重提升农村教育、卫生等公共服务水平。他们深知，教育和卫生是农民群众最为关心的两大领域。因此，他们积极推动农村学校建设，改善教学条件，提高教育质量；加强农村医疗卫生机构建设，提高医疗服务水平，缓解农民看病难、看病贵的问题。

在推动农村公共服务体系建设的过程中，基层干部始终注重公平性和可持续性。他们努力确保公共服务资源能够公平地分配给每一个农民群众，让每个人都能够享受到均等的服务。同时，他们还考虑公共服务设施的长期运营和维护问题，制定科学合理的管理制度和运维机制，确保农民群众能够持续享受到优质的服务。

3. 注重工作方式方法

在履行职责的每一个环节，基层干部都深知工作方式方法的重要性。他们明白，只有真正深入农村、贴近农民，才能准确把握农村社会的脉搏，有效推动社会治理工作。因此，他们不是仅停留在表面，而是真正沉下心来，去聆听农民群众的声音，去理解他们的需求和期望。

在与农民群众的沟通交流中，基层干部始终保持着温和、理性的态度。他们深知，农民群众是农村社会的主体，他们的意见和建议对于社会治理工作至关重要。因此，基层干部总是耐心倾听，不轻易打断，不随意评价，而是真心实意地去理解、去吸收。对于农民群众提出的问题和建议，基层干部更是认真对待，积极回应，努力为他们寻找解决方案。

　　为了更好地服务于农村社会治理工作，基层干部还注重自身的学习和提高。他们明白，只有不断提升自己的专业素养和工作能力，才能跟上时代的步伐，满足农民群众日益增长的需求。因此，基层干部总是保持着一颗学习的心，不断汲取新知识、新技能，努力提升自己的综合素质。

　　通过不断的学习和实践，基层干部逐渐掌握了社会治理的方法和技巧。他们懂得如何与农民群众有效沟通，如何化解农村社会矛盾纠纷，如何推动农村公共服务体系建设和完善。这些方法和技巧的掌握，使得基层干部在农村社会治理工作中更加得心应手，为农村社会的和谐稳定做出了更大的贡献。

第三章　农村基层干部工作内容

第一节　坚持党的领导，落实党的农村政策

一、强调党的领导核心地位

1. 党的领导是指引农村工作的明灯

在农村工作的广袤天地中，党的领导被视为引领前行的核心力量，如同夜航的船只仰赖明亮的灯塔。历经岁月沉淀和实践检验的党的路线、方针和政策，蕴含着深厚的智慧，为农村的经济社会发展绘制了清晰的蓝图，也为基层工作者提供了行动的方向和准则。

身处农村工作一线的基层干部，他们深刻理解并践行着党的领导的深刻意义。他们深知，党的领导不仅是政治上的坚定原则，更是推动农村工作不断前行的强大引擎。只有始终如一地贯彻落实党的决策部署，才能确保农村工作的每一步都稳健而有力。

为了将党的领导深深根植于农村工作的沃土之中，基层干部在日常工作中不断将党的理念与农村实际相结合。他们通过系统学习党的路线、方针和政策，不断提升自己的理论水平和实践能力，确保每一项工作都符合党的要求和农民的期盼。同时，他们还积极扮演党的政策的传播者，用通俗易懂的语言向农民群众解释党的政策，引导他们理解和支持农村发展的新思路、新举措。这种双向的沟通与交流，使得党的领导在农村工作中更加深入人心，也为农村的发展注入了源源不断的活力。

2. 基层干部是党的声音在农村的传播者

在广袤的农村大地上，基层干部扮演着举足轻重的角色，他们是党的声音在农村地区的坚定传播者。这些基层干部，肩负着将党的温暖和关怀传递给每一位农民群众的重要使命，他们深入田间地头，穿梭于村落小巷，与农民群众建立起紧密的联系。

为了确保党的政策能够如春风化雨般滋润每一个农民的心田，基层干部不辞辛劳，走村入户，将党的政策用农民群众易于理解的语言进行细致入微的解读。他们深知，只有让农民群众真正理解、掌握并运用到实际生活中，党的政策才能发挥最大的效力。因此，他们耐心倾听农民群众的诉求和期望，积极为他们答疑解惑，引导他们正确理解和积极支持党的政策。

在宣传党的路线、方针和政策时，基层干部始终保持着对农民的深厚情感，用充满亲和力的方式进行宣传。他们深知，只有让农民群众在感情上接受和认同，党的政策才能在农村地区得到真正的贯彻落实。因此，他们通过举办各种形式的学习活动、座谈会等，与农民群众面对面交流、心贴心沟通，增强农民群众对党的认同感和归属感。

基层干部的努力和付出，使得党的政策在农村地区得到广泛传播和深入人心。他们的工作不仅增强了农民群众对党的信任和支持，也为农村地区的和谐稳定和发展繁荣奠定了坚实的基础。他们用实际行动诠释着对党的忠诚和对农民群众的深厚情感，是农村地区不可或缺的重要力量。

3. 基层干部是确保农村工作正确方向的守护者

第一，坚守党的纪律和规矩，确保工作方向正确

在农村工作的实践中，各种复杂情况和困难挑战层出不穷。面对这些考验，基层干部始终坚守党的纪律和规矩，确保每一项决策和行动都符合党的要求。他们深知，党的纪律和规矩是工作的底线，是确保农村工作正确方向的根本保障。因此，无论遇到何种困难和诱惑，基层干部都坚决做到不越雷池一步，用自己的实际行动维护党的形象和权威。

第二，积极抵制错误思想和行为，维护农村工作大局

在农村工作中，有时会出现一些错误思想和行为，试图偏离党确定的正确方向。面对这些挑战，基层干部始终保持清醒的头脑，坚决抵制各种错误思想和行为。他们通过深入学习和宣传党的路线、方针和政策，帮助农民群众树立正确的思想观念，增强辨别是非的能力。同时，基层干部还积极发挥战斗堡垒作用，及时发现和处理各种违反党的纪律和规矩的行为，确保农村工作大局的稳定。

第三，发挥模范带头作用，引领农民群众共同前进

作为党的忠诚执行者和农村工作的守护者，基层干部始终以身作则、率先垂范。他们用自己的实际行动践行党的宗旨，为农民群众树立了学习的榜样。在农村建设中，基层干部冲锋在前、勇挑重担，带领农民群众共同投身到各项事业中去。他们的模范带头作用，激发了农民群众的积极性和创造力，推动了农村工作的顺利开展。

4. 强调党的领导核心地位是推动农村工作的实际需要

第一，为农村工作提供坚强的政治保障

强调党的领导核心地位，意味着为农村工作注入了强大的政治动力。党的路线、方针和政策，为农村发展指明了方向，也为基层干部开展工作提供了明确的指导和遵循。这种政治保障，确保了农村工作能够在正确的轨道上稳步前行，有效避免了方向上的偏离和迷失。

第二，为农村工作提供有力的组织保障

党的领导不仅体现在政治层面，更延伸到组织层面。党的基层组织是农村工作的坚强战斗堡垒，它们承担着组织、动员和服务农民群众的重要职责。通过党的组织网络，基层干部能够更加有效地整合资源、协调力量，推动农村工作有序开展。这种组织保障，为农村工作注入了强大的动力和活力。

第三，要求基层干部时刻保持清醒头脑

强调党的领导核心地位，也对基层干部提出了更高的要求。他们必须时

刻保持清醒头脑，坚定不移地贯彻执行党的决策部署。同时，还要不断增强政治意识、大局意识、核心意识、看齐意识，确保自己的行动始终与党中央保持高度一致。这种要求，确保了农村工作能够在党的领导下健康有序发展。

第四，推动基层干部加强自身建设

为了更好地服务农民群众、推动农村发展，基层干部需要不断加强自身建设。他们要注重提高业务能力和工作水平，以更好地应对农村工作中的各种挑战和困难。同时，还要注重加强党性修养和作风建设，树立良好的形象和威信。这种自我提升和完善的过程，也是推动农村工作不断向前发展的重要保障。

二、具体落实党的农村政策

在农村工作中，基层干部是党的农村政策的具体执行者，他们通过一系列细致入微的工作，确保党的政策能够真正落地，为农民群众带来实实在在的利益。

1. 深入调研，了解民情民意

第一，深入农村一线，实地走访农户

为了更好地把握农村的真实情况，基层干部会亲自深入农村一线，实地走访农户家庭。通过与农民面对面的交流，他们能够直接了解到农民的生活状况、生产情况以及面临的困难和问题。这种实地走访的方式，有助于基层干部获取第一手资料，为后续的决策提供有力的依据。

第二，召开座谈会，广泛听取意见

除了实地走访外，基层干部还会组织召开各种形式的座谈会，邀请农民代表、乡村干部、农业专家等参加。在座谈会上，大家畅所欲言，就农村发展中的热点、难点问题进行深入探讨。基层干部通过认真倾听各方意见，能够更全面地了解到农村的多元诉求和复杂情况，为制定更具针对性的政策打下基础。

第三，注重调研成果的运用

调研不仅仅是为了了解情况，更重要的是要将调研成果运用到实际工作中去。基层干部在调研结束后，会对收集到的信息进行整理和分析，提炼出有价值的内容和建议。这些成果将为制定农村政策、规划发展项目、解决具体问题等提供重要参考。通过注重调研成果的运用，基层干部能够确保政策更加贴近实际、符合民意，从而推动农村工作的顺利开展。

2. 制定措施，细化政策要求

在制定农村工作措施和行动计划时，基层干部始终坚持以党的农村政策为指导，紧密结合当地实际情况。他们通过深入研究政策文件，准确把握政策的精神和实质，确保所制定的措施与党的政策要求保持高度一致。

为了将政策要求转化为具体可行的工作措施，基层干部会进行细致入微的分析和规划。他们会根据调研结果，明确当地农村发展的优势和潜力，以及需要解决的主要问题和难点。在此基础上，基层干部会制定详细的工作方案，包括目标任务、实施步骤、时间节点等，确保每一项政策都能得到有效落实。

在制定措施的过程中，基层干部始终注重与农民群众的沟通交流。他们通过召开座谈会、走访农户等方式，广泛听取农民群众的意见和建议。这些来自基层的声音为完善工作方案提供了重要参考，也确保了所制定的措施更加符合农民群众的期望和利益。

同时，基层干部还具有前瞻性思维，他们关注政策执行过程中可能出现的困难和问题。为了应对这些挑战，基层干部会提前制定应对措施，包括预防机制、应急预案等，确保政策的顺利实施。这种未雨绸缪的工作方式，有助于及时化解矛盾和问题，推动农村工作平稳有序进行。

3. 加强监督，确保政策执行到位

监督是确保政策执行不走样、不变形的关键环节。基层干部深知，只有将监督贯穿始终，才能确保党的农村政策真正落地生根。

在监督过程中，他们采取多种方式，定期评估政策效果，确保政策执行与预期目标相符。评估不仅关注政策的覆盖面，还着重于政策对农民群众实际生活的改善程度。通过这种方式，基层干部能够及时发现执行中的偏差，迅速做出调整。

同时，他们建立了一套完善的问题反馈和解决机制。农民群众、乡村干部以及社会各界都可以通过这一机制，将政策执行中遇到的问题和困难及时反馈给基层干部。一旦收到反馈，基层干部会立即组织力量进行调查核实，并根据实际情况采取有效措施加以解决。这种及时响应和迅速处理的做法，不仅确保了问题的及时解决，还增强了农民群众对政策的信任感和满意度。

此外，基层干部在监督过程中始终保持客观公正的态度。他们严格按照政策要求和标准进行评估和检查，对发现的问题一视同仁，坚决杜绝任何形式的徇私舞弊行为。这种公正严明的监督方式，确保了政策执行的公平性和有效性。

三、分析党的领导与农村发展内在联系

1. 党的领导确保农村发展的正确方向

第一，党的宗旨与农村发展的契合

党的宗旨是全心全意为人民服务，这与农村发展的根本目标——提升农民生活水平和农村整体发展——是完全契合的。党始终将农民的利益放在首位，确保农村发展不走偏、不变向，真正造福于广大农民群众。

第二，党的战略眼光与农村发展规划

党具备全局的战略眼光，能够深入洞察农村发展的内在规律和未来趋势。基于这种深刻的认知，党制定出一系列符合农村实际、具有前瞻性的发展规划，为农村的长期稳定发展指明了方向。

第三，党的政策制定与农村发展需求

党在制定农村发展政策时，始终坚持以农民为中心的发展思想，充分考

虑农村的实际需求和农民的切身利益。这些政策措施的实施，不仅推动了农村的经济社会发展，还提升了农民的生活质量和幸福感。

2. 党的农村政策推动农村经济社会全面进步

第一，农村基础设施建设得到加强

党明确认识到基础设施是农村发展的基石。因此，通过制定相关政策，党投入大量资源用于改善农村的交通、水利、电力和通信等基础设施。这些设施的完善不仅提升了农民的生活质量，还为农村经济的进一步发展打下了坚实的基础。

第二，农业产业结构调整优化

针对农业发展中存在的结构性问题，党提出了一系列产业结构调整政策。这些政策旨在促进传统农业向现代农业转型，通过引入先进技术和管理模式，提高农业生产效率，增加农民收入。同时，党还鼓励农民发展特色农业和乡村旅游业，为农村经济注入新的活力。

第三，农村社会保障体系逐步健全

党深知社会保障对于农村稳定和发展的重要性。因此，党的农村政策中包含了完善农村社会保障体系的内容。通过建立健全养老保险、医疗保险等制度，农民的基本生活得到了更好的保障，从而增强了他们对农村发展的信心和归属感。

3. 党的领导与农村发展的相互促进

党的领导与农村发展之间呈现出一种紧密的相互促进关系，二者相辅相成，共同推动中国农村的繁荣与进步。

一方面，党的领导为农村发展提供了坚实的政治保障和组织保障。党通过制定科学的发展战略和政策措施，为农村发展指明了方向。同时，党的基层组织在农村地区广泛建立，为政策的传达和实施提供了有力的组织支撑。这些举措有效地推动了农村的经济社会发展，提升了农民的生活水平。

另一方面，农村的发展也为党的领导提供了更加坚实的基础和更加广阔的空间。随着农村基础设施的完善、农业产业的升级以及农民生活水平的提升，农村地区呈现出蓬勃的发展态势。这种发展不仅增强了农民对党的信任和支持，还为党在农村地区开展各项工作提供了更加有利的条件和环境。

具体来说，农村的发展为党的领导提供了更加坚实的群众基础。随着农民生活水平的提高，他们对党的认同感和归属感不断增强。这种认同和归属不仅来源于党对农村的关心和支持，更来源于党领导农村发展所取得的显著成效。农民群众真切地感受到了党的领导和社会主义制度的优越性，从而更加坚定地支持党的领导。

第二节　严格履行党支部八项基本任务

一、党支部基本任务

1. 组织党员学习、教育和管理

党支部作为党员的学习阵地和精神家园，承担着组织党员进行政治理论学习和思想教育的重要职责。通过精心策划和组织实施各种学习活动，党支部为党员提供了一个持续学习、不断进步的平台。

在学习方面，党支部注重政治理论学习的系统性和针对性。它根据上级党组织的要求和农村工作的实际需要，制定详细的学习计划，明确学习的目标和内容。通过组织专题讲座、学习讨论会、读书交流等形式多样的学习活动，党支部帮助党员深入理解党的路线、方针、政策，提高政治觉悟和思想素质。同时，党支部还鼓励党员自学，提供必要的学习资源和指导，营造浓厚的学习氛围。

在教育方面，党支部注重思想教育的针对性和实效性。它通过开展主题党日活动、观看教育影片、组织参观考察等方式，引导党员树立正确的世界观、人生观和价值观。同时，党支部还关注党员的思想动态和工作生活情况，及时进行心理疏导和帮扶，增强党员的归属感和凝聚力。

在管理方面，党支部加强对党员的日常管理和监督。它建立健全党员档案管理制度，定期更新党员信息，掌握党员的基本情况。通过定期召开组织生活会、民主评议党员等方式，党支部对党员的思想、工作和学习情况进行全面了解和评估。对于表现优秀的党员，党支部给予表彰和奖励；对于存在问题的党员，及时进行提醒和帮助，确保党员始终发挥先锋模范作用。

2. 做好发展党员工作

在发展新党员这一关键环节上，党支部始终秉持严谨细致的态度，将质量放在首位，确保党的队伍始终保持纯洁性和先进性。

党支部通过日常工作和各种活动的观察与接触，积极发现和培养潜在的入党积极分子。这些积极分子可能是在农村工作中表现突出的青年，也可能是对党有深厚感情并愿意为党的事业贡献力量的群众。党支部会对他们进行系统的党的知识教育，帮助他们深化对党的认识和理解，为日后成为合格的党员打下坚实的基础。

当入党积极分子表现出足够的成熟度和对党的忠诚时，党支部会严格按照党章规定的标准和程序，启动发展新党员的工作。这一过程包括深入的政审、严肃的谈话以及公正的群众评议等多个环节，旨在全面了解并积极吸纳那些真正符合党员标准、有志于投身党的事业的优秀分子。

在整个发展过程中，党支部始终强调质量的重要性，不盲目追求数量上的扩张。每一位新党员的发展，都是对党的事业负责、对农村工作负责、对人民群众负责的具体体现。通过这种方式，党支部不仅为党注入了新鲜血液，也为推动农村的各项工作提供了坚实的组织保证和人才支撑。

3. 密切联系群众，反映群众意愿和要求

党支部深知，与农民群众的紧密联系是党的工作之根、力量之源。因此，始终将群众路线内化于心、外化于行，确保每一项决策、每一次行动都紧密围绕群众的需求和期望。

为了真正听到群众的声音，党支部成员经常深入田间地头、农户家中，与农民朋友面对面交谈、心贴心沟通。他们关切地询问群众的生产生活状况，

耐心倾听他们的诉求和期盼，用心记录他们的意见和建议。

这种深入基层、深入群众的调研走访，不仅让党支部更加全面、真实地了解了农村的现状和农民的需求，也为党制定更加精准、有效的政策提供了宝贵的第一手资料。农民群众从中感受到了党的关怀和温暖，对党的信任和支持也更加坚定。

在反映群众意愿和要求方面，党支部同样不遗余力。党支部他们将收集到的群众意见和建议进行认真梳理、分类汇总，然后及时向上级党组织和有关部门反映。在反映过程中，党支部既注重传递群众的原声原意，又注重结合实际情况提出具体的建议和措施，以确保群众的诉求能够得到及时有效的回应和解决。

通过这种方式，党支部不仅架起了党与群众之间的连心桥，也为推动农村的改革发展稳定做出了积极贡献。党支部的工作得到了农民群众的广泛认可和高度赞誉，也为党在农村地区的执政地位奠定了坚实的基础。

4. 维护群众正当权益

第一，坚守群众立场。党支部在处理涉及农民群众切身利益的问题时，始终坚守群众立场，将群众的利益放在首位。党支部深入了解问题的来龙去脉，认真倾听群众的诉求和期望，确保每一项决策和行动都符合群众的利益和意愿。

第二，积极协调解决矛盾纠纷。在农村地区，矛盾纠纷是难免的。当这些问题出现时，党支部会积极介入，协调各方利益，寻求妥善的解决方案。党支部注重与群众沟通，了解矛盾纠纷的根源，通过耐心细致的工作，化解矛盾，维护和谐稳定的社会环境。

第三，为群众排忧解难。党支部不仅关注群众的物质利益，还关心群众的精神需求。党支部积极为群众排忧解难，帮助群众解决生产生活中的实际困难。无论是帮助群众争取政策支持，还是提供技术指导和市场信息，党支部都竭尽全力为群众服务，让群众感受到党的关怀和温暖。

通过以上三个方面的努力，党支部在维护农民群众正当权益方面发挥着

重要作用。党支部的工作不仅得到了群众的认可和拥护，也为推动农村地区的和谐稳定发展做出了积极贡献。

5. 做好思想政治工作

思想政治工作在党支部工作中占据着举足轻重的地位。它的核心在于通过细致入微的引导和教育，帮助农民群众树立起正确的世界观、人生观和价值观，从而深化他们对党的认同感和归属感。

为了实现这一目标，党支部成员会定期组织丰富多样的学习活动，如座谈会、讲座和小组讨论等，鼓励农民群众积极参与。在这些活动中，党支部不仅向农民群众传达党的最新政策和理念，还结合农村实际，用通俗易懂的语言和生动的案例，阐释正确的思想观念和价值取向。

此外，党支部还注重将思想政治工作融入农民群众的日常生活中。党支部通过走访农户、参与田间劳作等方式，与农民群众建立深厚的感情联系，并在交流中潜移默化地传递正能量和积极向上的生活态度。这种接地气的做法，让农民群众在感受到党的关怀的同时，也更容易接受和理解党的思想理念。

值得一提的是，党支部在做思想政治工作时，始终秉持尊重和理解的态度。党支部深知每个农民群众都有自己的独特经历和背景，因此在引导和教育过程中，注重因人而异、因材施教，确保思想政治工作能够真正入脑入心。

6. 推进基层民主建设

第一，加强村民自治机制的构建。党支部深知村民自治是基层民主的重要体现，因此致力于推动相关机制的建立和完善。通过定期召开村民大会、村民代表大会等形式，确保村民能够直接参与到村级事务的决策和管理中来。同时，党支部还积极指导村民制定村规民约，规范村民行为，提升自治水平。

第二，落实民主管理制度。民主管理制度是保障农民群众民主权利的重要途径。党支部在推进基层民主建设过程中，注重建立健全各项民主管理制度，如村务公开、民主评议、民主理财等。这些制度的落实，使得农民群众能够更加广泛地参与到村级事务的管理和监督中来，确保党支部的知情权、参与权、表达权和监督权得到充分行使。

第三，提升农民群众的民主意识和能力。农民群众的民主意识和能力是基层民主建设的基础。党支部通过组织各种形式的宣传教育活动，如宣讲团、培训班等，向农民群众普及民主知识，提升他们的民主意识和参与能力。同时，党支部还注重在实践中培养农民群众的民主习惯，引导他们在日常生活中积极行使民主权利，参与到村级事务的管理中来。

通过以上三个方面的努力，党支部在推进农村基层民主政治建设方面取得了显著成效。农民群众的民主权利得到了充分保障和行使，村级事务的管理更加科学、规范、透明。这种推进不仅提升了农村社会的治理水平，也增强了农民群众对党的信任和支持，为党在农村地区的执政地位奠定了坚实的基础。

7. 加强对工会、共青团等群众组织的领导

第一点，明确领导责任与角色。党支部在领导工会、共青团等群众组织时，首先明确自身的领导责任与角色定位。党支部认识到，领导并不意味着直接管理或干预，而是通过提供指导、支持和协调，帮助这些组织更好地开展工作、服务群众。

第二点，提供工作指导与支持。党支部积极为工会、共青团等群众组织提供工作指导，帮助群众组织制定工作计划、明确工作重点。同时，党支部还为他们提供必要的资源支持，如场地、资金、人力等，确保他们的工作能够顺利开展。

第三点，强化沟通与协调。党支部注重与工会、共青团等群众组织的沟通与协调。党支部定期召开联席会议，听取这些组织的工作汇报，了解他们的工作进展和遇到的困难。同时，党支部还积极协调各方资源，帮助他们解决工作中的实际问题。

第四点，鼓励创新与自主发展。党支部在领导工会、共青团等群众组织时，鼓励他们积极创新、自主发展。党支部尊重这些组织的独立性和自主性，

鼓励他们根据自身特点和实际情况，探索适合自身发展的道路。同时，党支部还为他们提供必要的政策支持和专业指导，帮助他们实现创新发展。

8. 向党员及群众通报党的工作情况，并公开党内相关事务，是党内民主与透明度的重要体现

这一规定旨在确保党员与群众对党的运作有清晰的认识，从而增强信任与参与感。定期通报：党组织需设立固定的时间节点，如季度、半年或年度，向党员及群众详细汇报党在各项工作中的进展、成就与面临的挑战。通报内容应涵盖经济、政治、文化、社会等多个领域，确保信息的全面性和时效性。

内容详实：通报不仅要包括宏观的政策导向和工作部署，还应深入到具体项目的实施情况、成效评估以及存在问题的整改措施。通过具体案例和数据，让党员和群众感受到党的工作实实在在、有据可查。

形式多样：为了扩大信息的传播范围和影响力，通报的形式应灵活多样。除了传统的会议报告外，还可以利用网络平台、社交媒体等现代通讯手段，发布视频、图文、直播等多种形式的内容，方便党员和群众随时随地获取信息。

公开透明：在通报过程中，应坚持公开透明的原则，对党员和群众关心的问题给予及时、准确的回应。对于涉及党内事务的敏感问题，也应在遵守保密规定的前提下，尽可能多地提供相关信息，消除疑虑和误解。

互动交流：通报不应仅仅是一种单向的信息传递过程，而应成为党员和群众与党组织之间互动交流的平台。通过设立意见箱、开展座谈会、进行在线调查等方式，鼓励党员和群众积极建言献策，为党的工作提供有益的参考和建议。

持续改进：根据党员和群众的反馈意见，党组织应及时总结经验教训，不断优化通报的内容和形式。对于存在的问题和不足，要制定具体的改进措施并跟踪落实效果，确保通报工作不断取得新的成效。

二、分析挑战及解决策略

1. 挑战：农村工作条件的艰苦性

在推进农村工作时，不得不面对的是农村地区特有的艰苦工作条件。这些挑战主要体现在地理位置、交通通信状况以及资源配备等多个层面，对党支部的工作效率和成果产生着不容忽视的影响。

首先，地理位置的偏远性是农村地区工作条件艰苦的重要体现之一。许多农村地区地处偏远山区或边远地带，远离城市中心和主要交通干线。这种地理位置的偏远性不仅增加了工作人员前往目的地的难度和时间成本，也在一定程度上限制了农村地区与外界的交流和联系。因此，党支部在开展工作时需要充分考虑地理位置因素，合理安排工作计划和行程，以确保工作的顺利进行。

其次，交通通信的不便也是农村地区工作条件艰苦的另一个重要方面。由于道路状况差、交通工具落后以及通信设施不完善等问题，农村地区的交通通信状况往往不尽如人意。这不仅影响了信息的及时传递和资源的有效共享，也给党支部的工作带来了诸多不便。为了克服这一挑战，党支部需要积极探索适合农村地区的交通通信方式，加强与外界的联系和沟通，为农村工作提供有力的支持。

最后，资源配备的匮乏也是农村地区工作条件艰苦的一个不容忽视的问题。由于历史原因和现实条件的限制，农村地区在人力、物力以及财力资源上往往相对匮乏。这种资源的匮乏不仅制约了党支部工作的深入开展，也影响了农村地区的发展潜力和竞争力。因此，党支部需要充分挖掘和利用现有资源，积极争取外部支持和援助，为农村工作提供更多的动力和支持。

解决策略：

（1）强化与上级的沟通协调

在推进农村工作的过程中，为了有效改善艰苦的工作条件，党支部应致

力于加强与上级党组织的沟通协调。这种沟通协调机制应当具备双向性、及时性和有效性，以确保信息的畅通和资源的合理配置。

具体而言，党支部需要定期向上级党组织提交工作报告，详细阐述农村工作的进展情况、取得的成效以及遇到的困难和挑战。同时，党支部还应积极争取上级的政策支持和资源倾斜，为农村工作提供更多的动力和支持。

在这个过程中，党支部应特别注重沟通技巧和方式方法的运用。在向上级汇报工作时，要坚持实事求是的原则，客观、全面地反映农村地区的实际情况和存在的问题。

举个例子，假设某个农村地区面临严重的水资源短缺问题，导致农业生产和农民生活受到严重影响。党支部在了解到这一情况后，可以积极与上级党组织沟通协调，争取相关政策和资金支持。它可以通过提交详细的报告和数据，说明水资源短缺的严重性和对农村地区的影响，同时提出具体的解决方案和资金需求。在沟通过程中，党支部还可以邀请上级党组织领导实地考察，了解农村地区的困难和需求，从而增强上级对该问题的关注和支持力度。最终，在党支部的积极争取和上级党组织的支持下，该地区成功获得了相关政策和资金支持，解决了水资源短缺问题，有效改善了农村工作条件。

通过这样的沟通协调机制，党支部不仅可以为农村工作争取到更多的发展机遇和资源支持，还可以促进上下级之间的理解和信任，形成共同推动农村工作的强大合力。

（2）运用现代信息技术

随着现代信息技术的飞速发展，即使在农村地区通信设施相对滞后的背景下，党支部工作也迎来了新的契机。现代信息技术，如远程办公、在线会议等工具，为党支部打破了地域限制，提供了一种全新的、高效的工作模式。

首先，这些技术的应用使得工作人员无须面对面交流就能高效地完成工作任务。无论身处何地，只要有稳定的网络连接，党支部成员就能通过在线会议软件进行实时沟通和协作。这不仅极大地节省了交通和时间成本，还提高了工作的灵活性和效率。

其次，现代信息技术也促进了信息共享和资源整合。通过云存储、在线文档共享等功能，农村地区的党支部可以轻松获取和分享各种工作资料和信息，实现与上级党组织以及其他地区党支部的无缝对接。这种信息的快速流通，有助于农村地区更好地融入整个社会发展体系，获取更多的发展机遇和资源。

为了充分发挥现代信息技术在农村党支部工作中的优势，党支部需要采取一系列措施。例如，可以定期组织信息素养培训，邀请专家授课，提升工作人员对现代信息技术的认识和掌握程度。同时，党支部还应注重信息技术的更新和升级，确保所使用的技术和工具始终保持先进性和适用性。

【案例】

在某偏远农村地区，党支部面临着工作条件艰苦、通信设施落后等挑战。为了改善这一状况，该党支部决定尝试运用现代信息技术来优化工作流程。

首先，该党支部通过申请专项资金，为党支部配备了必要的计算机和网络设备，确保了稳定的网络连接。然后，该党支部组织了一次为期一周的信息技术培训，邀请了当地的信息技术专家授课。培训内容包括基本的计算机操作、网络使用技巧以及远程办公和在线会议软件的使用方法等。

培训结束后，该党支部开始尝试利用远程办公和在线会议软件进行日常工作。该党支部发现，通过这些工具，即使身处偏远地区，也能与上级党组织和其他地区党支部进行实时沟通和协作。这不仅提高了工作效率，还节省了大量的交通和时间成本。

此外，该党支部还利用云存储和在线文档共享功能，实现了工作资料的实时更新和共享。这使得该党支部能够及时获取最新的政策信息和工作指导，为农村工作提供了有力的支持。

经过一段时间的实践，该农村党支部发现运用现代信息技术不仅提高了工作效率，还增强了与上级党组织和其他地区党支部的联系和协作。该党支部的工作成果得到了上级的肯定和表彰，也为该地区农村工作的开展注入了新的活力。

（3）发掘本土资源

农村地区，尽管在现代化进程中可能面临资源短缺的挑战，但往往蕴藏着独特且丰富的本土资源。这些资源，若能得到妥善发掘和利用，不仅能有效推动农村工作的开展，还能为当地带来经济、文化等多方面的益处。

本土资源首先包括自然资源，如土地、水源、矿产、植被等。这些资源是农村地区得天独厚的优势，可以为农业、生态旅游等提供坚实的物质基础。党支部应当深入调研当地的自然条件，结合现代农业技术，引导农民发展特色种植、养殖等产业，提高土地利用率和农产品附加值。

此外，文化资源也是农村地区不可忽视的宝贵财富。传统文化、民俗风情、历史遗迹等，都是农村地区独特的文化标签。党支部可以通过组织文化活动、庆典节日等方式，弘扬当地文化，增强群众的归属感和自豪感。同时，也可以将这些文化资源与旅游开发相结合，吸引外部游客，带动当地经济发展。

人力资源同样是农村地区不可或缺的重要资源。尽管农村地区可能面临人才流失的问题，但当地群众中仍蕴藏着丰富的技能和智慧。党支部可以通过设立技能培训中心、邀请专家授课等方式，提升当地群众的技能水平和就业能力。同时，也可以积极发掘和培养当地的乡土人才，如手工艺人、民间艺人等，为他们提供展示和传承技艺的平台。

【案例】

某农村地区拥有丰富的自然和文化资源，但长期以来由于交通不便和信息闭塞，这些资源未能得到有效利用。为了改变这一状况，当地党支部决定发掘和利用这些本土资源来推动工作发展。

首先，该党支部组织专家对当地的自然条件进行了深入调研，发现该地区的气候和土壤条件特别适合种植某种特色水果。于是，党支部引导农民调整种植结构，大力发展这种特色水果的种植产业。该党支部不仅提供了种植技术和市场上的支持，还帮助农民建立了合作社，实现了规模化经营和品牌化营销。

同时，该地区还拥有丰富的传统文化资源，如独特的民俗风情和古老的历史遗迹。党支部积极组织文化活动，如传统节庆、手工艺展示等，吸引了大量游客前来参观体验。该党支部还将这些文化资源与旅游开发相结合，推出了特色旅游线路和旅游产品，带动了当地旅游业的蓬勃发展。

此外，党支部还注重当地人力资源的发掘和利用。该党支部设立了技能培训中心，邀请专家为当地群众提供农业技术、旅游服务等方面的培训。通过培训，当地群众的技能水平得到了显著提升，就业渠道也更加广阔。同时，党支部还积极发掘和培养当地的乡土人才，如民间艺人、传统手工艺人等，为他们提供了展示和传承技艺的平台，也为当地文化产业的发展注入了新的活力。

经过一段时间的努力，该农村地区的本土资源得到了有效发掘和利用，不仅推动了当地经济的发展和工作效率的提升，还增强了当地群众的归属感和认同感，促进了社会的稳定和谐发展。

2. 挑战：群众思想观念的落后

在推进农村工作的过程中，群众思想观念的落后是一个需要认真面对的挑战。这种落后状态往往受到多种因素的影响，包括历史传统的深刻烙印、文化教育资源的相对不足，以及信息流通的不畅等。

历史传统在一些农村地区具有深远的影响，群众长期形成的思维方式和行为习惯难以在短时间内改变。这种传统观念可能包括对新技术、新理念的抵触，对变革的恐惧等，从而成为党支部推广新政策、新理念时的障碍。

文化教育资源的相对匮乏也是导致群众思想观念落后的一个重要原因。在一些农村地区，由于教育水平不高，群众对新知识的接受能力和理解能力有限，难以跟上时代发展的步伐。这在一定程度上限制了他们的视野和思维方式，使得新的理念和政策难以被接受和理解。

此外，信息流通的不畅也是造成群众思想观念落后的一个重要因素。在一些偏远地区，由于交通不便、通信设施落后等原因，群众难以及时获取外

界的新信息、新动态。这使得他们的思想观念难以与时俱进，与现代社会的发展产生脱节。

解决策略：

（1）文化引领与活动创新

在面对农村群众思想观念落后的挑战时，文化引领与活动创新成为有效的解决策略。通过精心策划和组织各类文化活动，不仅能够丰富群众的精神生活，还能逐步引导他们摆脱传统观念的束缚，拥抱现代文明。

①举办文化活动

文化活动是引领农村群众思想观念转变的重要途径。例如，可以定期举办文艺演出，邀请当地艺术团体或外部专业团队表演现代歌舞、戏剧等节目，让群众在欣赏艺术的同时，感受到现代文化的魅力。此外，电影放映活动也是深受群众欢迎的文化形式。通过放映反映现代生活、科技进步等主题的电影，能够潜移默化地影响群众的思维方式。读书会则是一个更为深入的文化交流平台，可以围绕特定主题选择书籍，组织群众进行阅读和讨论，引导他们从书中汲取新知识、新观念。

②创新科普教育

科普教育是提升农村群众科学素养的有效手段。与传统的说教式科普不同，创新科普教育注重互动和体验。例如，可以设立科普展览室，展示现代农业技术、环保理念等内容的实物模型或图片，让群众在参观过程中直观感受到科技的力量。此外，还可以组织科普实验活动，邀请专家现场演示科学实验，并引导群众亲自动手操作，让他们在实践中领悟科学原理。这种寓教于乐的方式更易于被群众接受，也更能激发他们的学习兴趣和求知欲。

③结合传统节日与习俗

传统节日和习俗是农村文化的重要组成部分。在保持传统的同时，可以巧妙地融入现代元素，使传统节日焕发出新的活力。例如，在春节期间，除了传统的贴春联、放鞭炮等习俗外，还可以组织群众参与制作现代创意灯笼、举办春节晚会等活动。这些新元素的加入不仅丰富了节日内容，还引导群众在欢乐的氛围中接受新事物、新观念。

【案例】

　　某农村地区长期受传统观念影响，群众对新事物接受度较低。为了改变这一状况，当地党支部决定采用文化引领与活动创新的策略。该党支部首先组织了一场以"现代科技与农业"为主题的文艺演出，邀请了外部专业团队表演反映现代农业技术的歌舞节目。演出结束后，群众纷纷表示对现代农业技术产生了浓厚兴趣。

　　紧接着，党支部又策划了一场科普教育活动。该党支部在村委会设立了科普展览室，展示了现代农业机械、节水灌溉等技术的实物模型和图片。同时，还邀请了农业专家进行现场讲解和演示。群众在参观过程中积极提问、互动频繁，对现代农业技术有了更深入的了解。

　　在随后的传统节日——中秋节期间，党支部又组织了一场别开生面的中秋晚会。晚会上除了传统的赏月、吃月饼等习俗外，还增加了现代歌舞表演、猜灯谜等互动环节。晚会现场气氛热烈、欢声笑语不断。通过这些活动的举办，当地群众的思想观念逐渐开放，对新事物、新观念的接受度也大大提高。

　　（2）深入交流与需求洞察

　　深入交流与需求洞察是农村工作中不可或缺的一环，它有助于党支部更准确地把握群众的思想动态、生活状况和发展需求，从而做出更贴近实际、更符合群众利益的工作决策。

　　①定期走访

　　为了确保与群众的紧密联系，可以安排党员和工作人员定期走访农户。这种面对面的交流方式能够消除隔阂，拉近干群关系。在走访过程中，党员和工作人员需要耐心倾听群众的意见和诉求，详细了解他们的生产生活情况，以及当前面临的主要困难和问题。同时，还要向群众宣传党的路线、方

针、政策，帮助他们了解国家的大政方针和当地的发展规划。通过走访，党支部可以收集到大量第一手资料，为后续的工作决策提供重要参考。

②召开座谈会

除了定期走访外，还可以定期组织召开群众座谈会。座谈会应邀请不同背景、职业的群众代表参加，以确保能够广泛听取各方面的意见和建议。在座谈会上，可以就党的政策、社会热点等问题进行开放式讨论，鼓励群众畅所欲言、各抒己见。通过这种方式，党支部可以及时了解群众对当前工作的看法和评价，以及他们对未来发展的期望和建议。这些宝贵的意见和建议将成为党支部改进工作、推动发展的重要依据。

③建立反馈机制

为了更好地收集和处理群众的反馈意见，可以设立意见箱、热线电话等反馈渠道。这些渠道需要定期维护和管理，确保能够及时接收和处理群众的意见和建议。同时，还要建立相应的反馈机制，对群众反映的问题进行分类整理、分析研究，并制定出相应的解决方案。对于能够立即解决的问题，要迅速采取措施予以解决；对于需要一段时间才能解决的问题，要向群众做好解释说明工作，并制定出明确的解决时间表。通过这种反馈机制，党支部可以及时了解并解决群众反映的问题，不断提升工作满意度和群众幸福感。

【案例】

某农村地区近年来受到干旱的影响，农作物产量大幅下降，农民收入锐减。当地党支部为了深入了解群众的需求和困难，决定采取深入交流与需求洞察的策略。该党支部首先安排了党员和工作人员定期走访农户，详细了解他们的生产生活情况。在走访过程中，该党支部发现群众普遍反映灌溉设施老化、水源不足等问题是导致农作物减产的主要原因。于是，党支部将这些问题整理成报告向上级政府反映，并争取到了相应的资金支持。

接着，党支部又组织召开了群众座谈会，邀请当地农民代表、农业专家等参加。在座谈会上，大家就如何改进灌溉设施、提高水资源利用率等问题进行了深入讨论。农民代表们积极发言、献计献策，提出了许多有建设性的意见和建议。根据这些意见和建议，党支部制定出了详细的改进方案并付诸实施。

同时，为了方便群众反映问题和提出建议，党支部还设立了意见箱和热线电话等反馈渠道。这些渠道得到了群众的积极响应和利用。他们纷纷向党支部反映自己在生产生活中遇到的问题和困难，并提出了许多宝贵的意见和建议。党支部对这些反馈意见进行了认真整理和分析研究，并制定出了相应的解决方案。

通过上述深入交流与需求洞察的策略实施，当地农村地区的灌溉设施得到了有效改进、水资源利用率得到了显著提高、农作物产量也实现了稳步增长。农民们的生活状况得到了明显改善，他们对党支部的信任和支持也进一步增强。

（3）党员示范与实际行动

党员在农村工作中扮演着举足轻重的角色。他们的言行举止直接影响着群众对党的认知和对新政策、新理念的接受程度。因此，通过党员的示范引领和实际行动，可以有效地推动群众思想观念的转变。

①党员带头实践

党员应该在农业生产、环境保护、社会公益等方面发挥模范带头作用。例如，在农业生产方面，党员可以率先尝试新品种、新技术，通过科学种植、精细管理，提高农作物产量和品质，让群众看到现代农业的潜力和希望。在环境保护方面，党员可以积极参与农村环境治理，带头推广生态种植、垃圾分类等环保理念，为群众营造一个整洁美丽的生活环境。在社会公益方面，党员可以主动参与扶贫济困、助学助残等公益活动，用实际行动传递党的温暖和关怀。

②志愿服务活动

为了更好地服务群众、增强群众对党的认同感和归属感，可以组织党员成立志愿服务队。志愿服务队可以深入田间地头、农户家中，为群众提供农业技术指导、政策咨询、健康检查等实际帮助。通过与群众的面对面交流和

服务，党员可以及时了解群众的需求和困难，为他们排忧解难，进一步拉近党群关系。

③成果展示与交流

为了让群众更直观地感受到新理念、新技术带来的变化和好处，可以定期举办党员示范项目成果展示活动。活动可以邀请群众参观学习，通过现场观摩、亲身体验等方式，让群众感受到新政策、新技术给农村带来的新气象和新希望。同时，还可以组织党员与群众进行互动交流，分享经验心得，促进双方共同进步。

【案例】

某农村地区近年来推进现代农业发展，但群众对新技术、新理念的接受程度不高。当地党支部决定采取党员示范与实际行动的策略来推动群众思想观念的转变。

首先，党支部鼓励党员在农业生产方面发挥带头作用。一些党员率先尝试种植新品种的水果和蔬菜，采用现代化的农业技术和管理方法。经过一段时间的精心培育和管理，这些新品种的水果和蔬菜获得了丰收，品质也明显优于传统品种。群众看到这些成果后纷纷表示赞叹和羡慕。

接着，党支部组织党员成立志愿服务队深入田间地头为群众提供农业技术指导和服务。志愿服务队成员耐心地向群众讲解新品种的种植技术和管理方法，并手把手地指导他们进行实际操作。群众在党员的帮助下逐渐掌握了现代农业技术并取得了显著的成效。他们的农作物产量得到了提高，收入也随之增加。

最后，党支部还定期举办党员示范项目成果展示活动邀请群众参观学习。在活动中，群众可以亲身体验到新品种的水果和蔬菜的美味和营养价值，也可以了解到现代农业技术的优势和应用前景。通过这些直观的感受，群众逐渐转变了观念，开始积极接受并应用新技术和新理念于自己的农业生产中。

3. 挑战：基层干部能力素质不足

在农村党支部工作中，基层干部是党的路线、方针、政策的直接执行者，也是联系群众的桥梁和纽带。他们的能力素质直接关系到农村党支部工作的质量和效果，进而影响到党在农村的执政基础和群众基础。然而，当前部分基层干部在知识、经验等方面存在不足，这无疑对农村党支部工作构成了挑战。

（1）能力素质不足的表现

部分基层干部由于知识储备不足，对党的路线、方针、政策理解不深不透，难以在工作中准确把握方向、有效执行政策。同时，一些基层干部缺乏农村工作经验，对群众的需求和困难了解不够，导致在服务群众时难以做到精准有效。此外，还有部分基层干部在工作态度、工作方法等方面存在问题，如工作不够积极主动、缺乏创新意识等，这也制约了农村党支部工作的顺利开展。

（2）能力素质不足的影响

基层干部能力素质不足，首先会制约农村党支部作用的全面发挥。党支部是党的基层组织，是党在农村全部工作和战斗力的基础。如果基层干部能力素质不足，就无法有效执行党的政策、服务群众，也无法充分发挥党支部的战斗堡垒作用。其次，基层干部能力素质不足还可能对党在群众中的形象造成负面影响。群众对党的认知和评价往往来源于与基层干部的接触和交流。如果基层干部在工作中表现出能力不足、态度不端等问题，就会损害党在群众中的形象和威信。

（3）解决策略

①系统培训与学习

为了有效提升基层干部的能力素质，系统的培训与学习成为不可或缺的环节。这不仅能够帮助他们更好地掌握政策理论和业务知识，还能促进不同地区、不同部门之间的交流与合作，共同为农村发展贡献力量。

针对基层干部在工作中遇到的薄弱环节，可以定期组织专题培训班。这

些培训班应邀请相关领域的专家进行授课，确保基层干部能够接触到最新的政策理论和业务知识。通过系统的培训，基层干部可以更加深入地理解党的路线、方针、政策，从而在工作中更加准确地把握方向、有效执行政策。

除了定期的业务培训外，还可以鼓励不同地区、不同部门的基层干部进行交流学习。这种交流可以通过组织座谈会、研讨会、现场观摩等形式进行。在活动中，基层干部可以分享各自的工作经验和成功案例，彼此学习、取长补短。这种横向的交流不仅可以拓宽基层干部的视野，还能促进不同地区、不同部门之间的合作与协同，共同推动农村工作的进步。

【案例】

某地区农村党支部针对基层干部能力素质不足的问题，决定采取系统培训与学习的策略。该党支部首先组织了定期的业务培训班，邀请农业、法律、经济等领域的专家进行授课。培训内容涵盖了党的最新政策、现代农业技术、农村法律法规等方面。通过培训，基层干部对党的政策有了更深入的理解，也掌握了更多的业务知识和技能。

此外，该地区农村党支部还积极组织学习交流活动。它们定期举办座谈会，邀请不同村庄的基层干部参加，分享各自的工作经验和成功案例。在活动中，基层干部们积极发言、热烈讨论，不仅学到了其他村庄的好经验、好做法，还发现了自己工作中的不足和需要改进的地方。通过这种交流学习，基层干部们的工作能力得到了显著提升，农村党支部的工作也取得了明显的进步。

②鼓励自学与提供资源

在快速发展的信息时代，自学已成为提升个人能力的重要途径。对于基层干部而言，鼓励他们利用业余时间自学，不仅有助于提升知识储备，还能增强其综合素质，更好地服务群众。

为了推动基层干部的持续学习，可以倡导他们利用业余时间进行自学。

这种自学可以通过阅读相关书籍、观看在线课程、参与网络研讨会等多种形式进行。通过自学，基层干部可以更加灵活地掌握新知识、新技能，不断提升自己的业务水平和综合素质。

为了让基层干部更好地进行自学，需要提供必要的学习资源支持。这些学习资源可以包括各类专业书籍、在线课程、学习资料等，以满足不同领域、不同层次的学习需求。同时，为了方便基层干部之间的交流和讨论，可以建立学习小组或微信群等平台。在这些平台上，基层干部可以分享学习心得、讨论疑难问题，形成互助互学的良好氛围。

【案例】

某地区农村党支部为了提升基层干部的能力素质，积极倡导业余自学并提供丰富的学习资源。该党支部首先为每位基层干部配备了专业书籍和在线课程学习账号，确保他们能够随时随地进行学习。同时，党支部还建立了一个微信学习群，邀请所有基层干部加入。

在这个微信学习群中，基层干部们积极分享自己的学习心得和体会，讨论工作中遇到的问题和困难。每当有新的政策理论或业务知识需要学习时，党支部都会在群里发布相关的学习资料和在线课程链接。基层干部们可以根据自己的时间安排进行自学，并在群里交流学习成果。

通过这种方式，基层干部们不仅提升了自己的知识储备和综合素质，还增强了彼此之间的交流和合作。农村党支部的工作也因此得到了有效的推动和进步。

③建立考核评价机制

为了确保基层干部的工作质量和效果，建立科学、合理的考核评价机制至关重要。这一机制不仅有助于公正、客观地评估基层干部的工作表现，还能有效激励他们不断进取、提升能力素质。

针对基层干部的岗位职责和工作要求，应设立明确、具体的考核标准。

这些标准应涵盖工作业绩、工作态度、工作能力等多个方面，确保考核的全面性和客观性。同时，考核标准应具有可操作性和可衡量性，以便于公正、准确地评估基层干部的工作表现。

为了激发基层干部的工作热情和积极性，可以设立相应的奖励机制和晋升机会。对于表现优秀的基层干部，可以给予一定的物质奖励或荣誉表彰，如颁发证书、提供培训机会等。这些奖励不仅能激励基层干部个人更加努力地工作，还能在团队中形成良好的竞争氛围，促进整体工作水平的提升。

定期对基层干部的工作表现进行评估是考核评价机制的重要环节。评估结果应及时反馈给基层干部本人，指出他们在工作中的优点和不足，并提出具体的改进建议。这种反馈机制有助于基层干部全面了解自己的工作状况，明确改进方向，从而实现持续成长和进步。同时，定期评估还能为组织提供有价值的信息，帮助领导层更好地了解基层干部的工作状况和需求，为制定更合理的人力资源政策提供依据。

【案例】

某地区农村党支部为了提升基层干部的工作质量和能力素质，建立了一套完善的考核评价机制。该党支部首先根据基层干部的岗位职责和工作要求，设立了明确的考核标准，包括工作完成情况、群众满意度、学习能力等多个方面。

为了激励基层干部不断进取，党支部还设立了奖励机制和晋升机会。每年底，该党支部会对基层干部进行全面的考核评估，对于表现优秀的干部给予物质奖励和荣誉表彰，同时提供晋升机会和更多的培训资源。

此外，党支部还定期组织评估会议，邀请基层干部参与讨论和评价自己的工作表现。在会议上，大家积极发言、交流心得，共同找出工作中的不足和改进方向。通过这种定期评估和反馈机制，基层干部们不仅更加明确了自己的工作目标和责任，还实现了持续成长和进步。整个农村党支部的工作氛围也因此得到了极大的改善和提升。

第三节　全面履行村党组织的六项主要职责

一、列举主要职责

1. 贯彻落实党的路线方针政策和上级党组织决议

村党组织作为党在农村的基层组织，肩负着贯彻落实党的路线方针政策和上级党组织决议的重要职责。这一职责的履行，对于确保党的政策在农村得到有效实施、推动农村经济社会发展具有重要意义。

具体来说，村党组织需要通过各种方式，如组织学习、宣传教育等，引导广大党员和群众深刻理解党的政策。这些政策包括党的路线方针政策，以及上级党组织的各项决议。村党组织要确保这些政策在农村基层得到全面落实，就必须深入了解政策的精神实质和具体要求，将其转化为具体的工作措施和行动计划。

同时，村党组织还要积极传达和贯彻上级党组织的各项决议。这些决议是党的决策部署的重要组成部分，对于指导农村工作、推动农村发展具有重要作用。村党组织要及时、准确地将这些决议传达给广大党员和群众，确保他们了解并掌握决议的内容和要求。在此基础上，村党组织要制定切实可行的工作方案，确保决议在农村基层得到全面、有效的实施。

2. 讨论决定本村重大事项

村党组织在决策本村重大事项时，必须扮演积极参与和主导的角色。决策的内容涵盖村庄的经济建设、社会发展、环境保护等多个方面，对村庄的未来影响深远。为了确保决策的科学性和民主性，村党组织需要广泛听取并尊重党员和群众的意见。

在决策过程中，村党组织应遵循公开、公正、公平的原则，通过召开党员大会、村民代表会议等形式，充分发扬民主，广泛收集民意。这样不仅能

增加决策的透明度，还能提高群众对决策的接受度和支持度。同时，村党组织应善于整合各方资源，权衡利弊，以村庄的整体利益和长远发展为出发点，做出明智的决策。

决策的执行同样重要。村党组织要加强对决策执行情况的监督，确保各项决策得到有效实施。这包括定期检查和评估决策的执行进度和效果，及时发现并解决执行过程中出现的问题。通过监督和执行，村党组织能够确保决策落地生根，推动本村各项事业的顺利发展。

在整个决策过程中，村党组织还应注重与群众的沟通和交流，及时解释决策的背景和目的，消除群众的疑虑和误解。通过有效的沟通和引导，村党组织能够赢得群众的理解和支持，为决策的实施创造良好的社会氛围。

3. 领导村民自治组织和其他村级组织

村党组织在村级治理体系中处于领导核心地位，对村民自治组织和其他村级组织的领导是其重要职责。为了有效履行这一职责，村党组织可以采取以下措施：

第一，制定工作计划。村党组织应根据村庄的实际情况和发展需求，制定切实可行的工作计划。这些计划应明确各组织的职责和任务，确保各项工作有序开展。通过制定工作计划，村党组织能够为各组织提供明确的方向和目标，推动它们更好地履行职责。

第二，明确目标任务。除了制定工作计划外，村党组织还应明确各组织的目标任务。这些目标任务应具有可操作性和可衡量性，以便各组织能够清楚地了解自己的工作职责和成果要求。通过明确目标任务，村党组织能够激发各组织的积极性和创造力，促进农村各项事业的发展。

第三，加强监督指导。村党组织应加强对各组织的监督指导，确保它们能够按照工作计划和目标任务开展工作。监督指导可以采取定期检查、专项督查、工作汇报等方式进行。在监督指导过程中，村党组织应及时发现问题并提出改进意见，帮助各组织不断提高服务质量和效率。

第四，加强沟通协调。村党组织应加强与各组织的沟通协调，形成工作合力。沟通协调可以通过召开会议、座谈交流、信息共享等方式进行。通过这些沟通协调机制，村党组织能够及时了解各组织的工作进展和困难问题，协调解决工作中的矛盾和冲突，推动农村各项事业顺利发展。

4. 培养选拔后备干部

第一，制定培养计划。村党组织应根据村庄的发展需求和干部队伍的实际情况，制定全面的培养计划。该计划应明确培养目标、培训内容、培训方式等关键要素，确保培养工作的系统性和针对性。通过制定培养计划，村党组织能够为后备干部提供清晰的成长路径和发展方向。

第二，提供实践锻炼机会。实践是检验真理的唯一标准，也是培养干部的有效途径。村党组织应积极为后备干部提供实践锻炼的机会，让他们在实际工作中增长才干、积累经验。这可以通过安排他们参与村级事务管理、主持具体项目等方式实现。实践锻炼不仅能够提升后备干部的工作能力，还能增强他们的责任感和使命感。

第三，加强考核评价。为了确保培养选拔工作的质量和效果，村党组织应建立科学的考核评价体系。该体系应明确评价标准、评价方法、评价周期等要素，确保评价结果的客观性和公正性。通过考核评价，村党组织能够及时发现后备干部的优点和不足，为他们提供有针对性的指导和帮助。

在培养选拔后备干部的过程中，村党组织还应注重加强管理和监督。这包括对培养计划执行情况的监督、对实践锻炼效果的评估以及对考核评价结果的应用等。通过加强管理和监督，村党组织能够确保后备干部健康成长、不断进步，为农村事业的发展提供有力的人才保障。

5. 加强党员队伍建设

村党组织在推动农村各项事业发展中，必须始终将党员队伍建设摆在重要位置，通过提升党员素质和能力水平，确保党员队伍始终成为引领农村发展的先锋力量。

第一，加强党员教育。教育是提升党员素质的基础工作。村党组织应定期组织党员参加党的理论学习、政策法规学习以及农业科技知识学习等，确

保党员在思想上、政治上与党中央保持高度一致，同时增强服务农村经济社会发展的能力。教育形式可以多样化，如集中培训、在线学习、交流研讨等，以满足不同党员的学习需求。

第二，严格党员管理。管理是保持党员队伍先进性和纯洁性的重要手段。村党组织应建立健全党员管理制度，包括党员发展、党员登记、党籍管理、党费收缴使用等方面的规定。同时，要加强对党员的日常监督和考核，对表现优秀的党员给予表彰和奖励，对违反党纪党规的党员进行严肃处理，确保党员队伍的纪律严明。

第三，开展组织生活。组织生活是加强党员思想政治教育、促进党员团结和发挥党员作用的重要途径。村党组织应定期召开党员大会、民主生活会、组织生活会等，让党员有机会交流思想、汇报工作、开展批评与自我批评。通过这些活动，可以增强党员的党性观念和组织纪律性，提升党员队伍的凝聚力和战斗力。

在加强党员队伍建设的过程中，村党组织还应注重激发党员的积极性和创造性。这可以通过为党员提供发挥作用的平台、关心党员的生活和工作、及时解决党员的困难和问题等方式实现。只有让党员感受到组织的关怀和温暖，才能更加坚定地支持党组织的工作，共同推动农村各项事业的发展。

6. 做好群众工作

村党组织作为党在农村的基层组织，必须始终坚持全心全意为人民服务的宗旨，切实做好群众工作，以赢得群众的信任和支持，推动农村社会的和谐稳定发展。

第一，深入了解群众需求。做好群众工作的前提是深入了解群众的需求和期望。村党组织应通过走访调研、召开座谈会、设置意见箱等方式，广泛收集群众的意见和建议，及时了解他们在生产生活中遇到的困难和问题。同时，要加强对群众思想动态的关注和分析，把握群众的利益诉求和心理变化，为做好群众工作提供科学依据。

第二，积极解决群众困难。在了解群众需求的基础上，村党组织应积极采取措施解决群众的困难和问题。对于群众反映的热点难点问题，要组织力量进行专题研究，制定切实可行的解决方案并抓好落实。同时，要建立健全服务群众的长效机制，如完善农村基础设施、提高公共服务水平、加强社会保障体系建设等，从根本上改善群众的生产生活条件。

第三，加强宣传教育引导。做好群众工作还需要加强宣传教育引导，提高群众的思想觉悟和道德水平。村党组织应通过开展形势政策教育、法制宣传教育、科学文化知识普及等活动，引导群众树立正确的世界观、人生观和价值观，增强他们的国家意识、法治意识和社会责任感。同时，要注重发挥党员的先锋模范作用，以党员的实际行动影响和带动群众。

在做好群众工作的过程中，村党组织还应注重加强自身建设，提高服务群众的能力和水平。这包括加强组织建设、完善工作制度、提高干部素质等方面的工作。只有不断提升自身的能力和水平，才能更好地服务群众、赢得群众的信任和支持。

二、分析具体体现和重要性

1. 推动农村经济发展

具体体现：

（1）积极宣传党的农村经济政策

党支部采取多种方式，如召开村民大会、制作并张贴宣传海报、组织政策解读小组等，广泛地向农民传达党的农村经济政策。这些努力确保农民能够充分理解政策内容，并按照政策导向进行农业生产，从而充分发挥政策对农村经济的推动作用。

（2）组织学习现代农业技术

为了提升农民的农业生产技能，党支部组织了一系列农业技术培训活动。这些培训包括现场示范、专家讲座以及实践操作等，旨在帮助农民掌握

现代农业技术，提高农业生产效率，进而增加农村经济收入。

（3）引导农村产业结构调整

党支部密切关注市场动态和当地资源优势，通过发布产业指导建议、提供市场信息咨询等方式，引导农民进行产业结构的优化调整。这有助于发展具有地方特色的优势产业，促进农村经济的多元化和可持续发展。

（4）为农村经济持续发展提供保障

为了确保农村经济的持续发展，党支部积极协调各方资源，争取政府和相关部门的政策支持。同时，党支部还努力引导社会资本投入农村经济领域，为农村经济发展提供资金保障。这些举措为农村经济的稳定发展奠定了坚实基础。

重要性：

（1）促进农民收入增长

农村经济的蓬勃发展，为农民提供了更多的就业机会和增收渠道。随着农业产业的升级和农村经济结构的优化，农民能够从多元化的经济活动中获益，实现收入的稳步增长。这不仅有助于改善农民的生活品质，也为农村社会的稳定和发展奠定了坚实的物质基础。

（2）完善农村基础设施

农村经济的发展推动着基础设施的不断完善。随着农村经济的壮大，政府和社会资本对农村基础设施建设的投入也随之增加。这将促使农村地区的交通、水利、电力等基础设施得到逐步改善，为农民的生产生活提供更加便捷和高效的条件。

（3）增强农村内生发展动力

通过深化农村经济改革和发展，可以激发农村的内生动力和活力。农村经济的繁荣将促进农村各类资源的有效配置和利用，培育农村的自我发展能力。这将有助于农村实现全面进步和繁荣，为国家的可持续发展贡献重要力量。同时，农村经济的发展还能带动相关产业的兴起，形成良性循环，进一步推动农村社会的全面进步。

2. 维护农村社会稳定

具体体现：

（1）深入农户，紧密联系群众

党支部成员定期深入农户家中，与农民进行面对面的亲切交流。他们耐心倾听农民的意见和诉求，详细记录农民的生产生活状况，确保农民的声音能够及时、准确地传达给相关部门。这种紧密的联系不仅增强了农民对党支部的信任感，也为农村社会的稳定奠定了坚实的基础。

（2）积极回应并妥善处理农民关切

针对农民反映的问题和关切，党支部高度重视，积极协调各方资源，寻求切实可行的解决方案。党支部不仅确保农民的合法权益得到切实维护，还努力解决农民在实际生活中遇到的困难。这种积极回应和妥善处理的态度，有效缓解了农民的不满情绪，增强了农村社会的稳定性。

（3）加强法律法规宣传教育，维护农民权益

党支部注重加强对农村法律法规的宣传教育，通过各种形式的活动，提高农民的法律意识和维权能力。同时，党支部依法处理涉及农民权益的纠纷和案件，坚决维护农民的合法权益。这种公正、公平的处理方式，赢得了农民的广泛认可和支持，为农村社会的和谐稳定提供了有力保障。

（4）及时发现并有效化解社会矛盾

党支部成员具有高度的敏锐性和责任感，能够及时发现潜在的社会矛盾。他们通过深入调查、耐心沟通等方式，努力将矛盾化解在萌芽状态，避免矛盾升级和扩大化。这种积极主动的工作方式，有效减少了农村社会矛盾的发生，确保了农村社会的和谐稳定。

重要性：

（1）营造和谐稳定的社会环境

和谐稳定的社会环境是农村发展的基石。党支部致力于维护农村社会稳定，通过各项措施和行动，为农民打造一个安全、有序、和谐的生活环境。这种稳定的社会氛围不仅有助于提升农民的幸福感和满意度，也为农村经济

的持续发展和社会进步提供了坚实的基础。

（2）确保农村经济平稳发展

社会稳定与经济发展紧密相连。在党支部的努力下，农村社会保持稳定，为经济活动提供了良好的土壤。农民能够在安定的环境中从事农业生产和其他经济活动，从而实现农村经济的平稳增长。这种增长不仅提高了农民的生活水平，也为农村地区的全面振兴注入了持续的动力。

（3）巩固党在农村的群众基础

通过切实维护农民利益和社会稳定，党支部赢得了农民的广泛认可和信赖。农民对党的信任和支持不断增强，党的执政基础在农村地区得到进一步巩固。这种深厚的群众基础是党推进农村各项工作、实现乡村振兴战略的重要支撑和力量源泉。

3. 促进农村文化繁荣

具体体现：

（1）深化思想政治教育

党支部定期组织丰富多样的思想政治教育活动，如政策解读会、形势分析讲座以及道德讲堂等。这些活动旨在引导农民深入学习党的理论和路线方针政策，帮助他们树立正确的世界观、人生观和价值观。通过深入浅出的讲解和互动，农民们能够更好地理解党的政策，增强对党的认同感和归属感。

（2）丰富农民文化生活

为了满足农民日益增长的精神文化需求，党支部结合农村实际，积极策划并组织各类文化活动。文艺演出、电影放映、图书阅览以及体育比赛等活动在农村地区广泛开展，不仅丰富了农民的文化生活，还提升了他们的文化素养和审美水平。这些活动为农民提供了展示自我、交流学习的平台，有助于营造积极向上、和谐共融的乡村文化氛围。

（3）培育文明乡风

党支部高度重视文明乡风的培育工作，通过多种方式引导农民树立文明乡风。评选表彰道德模范、开展志愿服务活动以及推广优秀传统文化等举措在农村地区得到广泛实施。这些活动旨在弘扬社会正气，传播正能量，促进农民形成健康文明的生活方式。通过党支部的持续努力，农村地区逐渐形成了崇德向善、和谐友善的良好氛围。

重要性：

（1）提高农民文化素养，适应社会发展

农村文化的繁荣对农民文化素养的提升具有显著影响。通过丰富多样的文化活动和教育形式，农民能够接触到更广泛的知识和信息，从而提升自身的文化素养和审美水平。这种提升使农民更好地适应现代社会的发展需求，增强他们在市场竞争中的优势和发展潜力，为农村经济的持续发展提供有力支撑。

（2）培育文明乡风，营造良好社会氛围

促进农村文化繁荣有助于培育文明、健康、积极向上的乡风。通过弘扬优秀传统文化、传播现代文明理念，农村地区能够形成良好的社会风气和道德风尚。这种文明乡风为农村的持续发展提供了强大的精神动力和支持，营造出和谐、稳定的社会环境，促进农民之间的团结互助和共同进步。

（3）增强农村凝聚力，推动全面发展

文化的繁荣对于增强农村的凝聚力和向心力具有重要作用。通过共同的文化认同和价值观念，农民能够更加紧密地团结在一起，形成强大的集体力量。这种凝聚力不仅有助于农村的和谐稳定，还能够推动农村的全面发展和进步。农民在共同的文化熏陶下，积极投身农村经济建设、社会事业和生态环境保护等各个领域，共同创造美好家园。

三、探讨如何更好履行职责

1. 加强学习与提高素质

为了更好地履行职责，基层干部必须注重自身的学习与提高。这不仅涉及政治觉悟的提升，还包括业务能力和综合素质的全面发展。

在政治方面，基层干部应系统学习党的路线、方针和政策，确保自己的行动始终与党中央保持高度一致。通过深入学习，他们能够更加准确地把握政策方向，为农村工作提供正确的指导。同时，对国家法律法规的熟知也是必不可少的，这有助于他们在工作中依法行事，维护农民的合法权益。

在业务能力上，基层干部需要不断更新自己的知识体系，特别是关于农村经济、社会、文化等方面的知识。通过参加各类培训和实践锻炼，他们能够提升自己的专业素养，更好地应对农村工作中的各种挑战。

此外，综合素质的提升也是基层干部履行职责的关键。这包括沟通协调能力、组织领导能力、创新思维能力等多个方面。一个优秀的基层干部应该既能够与农民建立良好的沟通关系，又能够组织协调各方资源，推动农村工作的顺利开展。同时，他们还应具备创新思维，能够因地制宜地提出新的发展思路和解决方案。

2. 深入调研与了解实际

为了更好地履行职责，基层干部必须深入农村一线，全面了解农村的实际情况。这不仅是制定工作计划和措施的基础，也是确保农村工作针对性和实效性的关键。

在调研过程中，基层干部应通过多种方式收集信息，包括走访农户、召开座谈会以及发放调查问卷等。走访农户可以让他们直接接触到农民的生产生活，了解他们的需求和困难；座谈会则可以邀请村里的代表和意见领袖，共同探讨农村发展的方向和策略；而调查问卷则可以更广泛地收集群众的意见和建议，为决策提供更加科学的依据。

通过这些方式，基层干部能够全面而深入地了解农村的经济社会发展状况。他们可以掌握到农村的基础设施建设、产业发展、人口结构等基本情况，为制定工作计划提供基础数据支持。同时，他们还能了解到群众的生产生活需求和思想动态，从而更加准确地把握农村工作的方向和重点。

在了解实际情况的基础上，基层干部还需要对收集到的信息进行深入分析和研究。他们应该结合党的路线方针政策和国家法律法规，以及当地的实际条件，制定出切实可行的工作计划和措施。这些计划和措施应该既符合农民的利益诉求，又能够促进农村的全面发展和进步。

3. 积极争取支持与形成合力

在农村工作中，基层干部扮演着至关重要的角色。为了更好地履行职责，推动农村发展，他们不仅需要深入调研、了解实际，还需要积极争取各方面的支持与帮助，并与相关部门形成合力，共同为农村工作的发展进步贡献力量。

首先，基层干部应主动与上级党组织保持密切联系。他们可以通过定期汇报、专题研讨等方式，及时将农村工作的进展、成效以及遇到的问题传递给上级党组织。这样做不仅有助于让上级党组织更加全面、深入地了解农村工作的实际情况，还能够为农村工作争取到更多的政策支持和指导。

其次，基层干部还应积极争取资金、项目等方面的支持和帮助。他们可以根据农村发展的实际需要，制定详细、可行的项目计划，并向上级政府或相关部门进行申报。在争取支持的过程中，基层干部需要充分展示项目的可行性和对农村发展的重要意义，以提高项目的获批率。同时，他们还要加强对项目实施的监管和评估，确保资金的有效使用和项目的顺利实施。

最后，基层干部还应加强与相关部门的沟通协调，形成工作合力。农村工作涉及面广、任务繁重，需要多个部门共同协作才能取得良好成效。因此，基层干部应主动与农业、水利、交通、教育等相关部门进行对接，明确各自职责和任务分工，共同制定工作计划和实施方案。在工作中，他们还应保持密切沟通、及时协调解决问题，确保各项工作的顺利推进。

4. 发挥群众作用与激发活力

在推动农村工作的过程中，基层干部应始终坚持党的群众路线，充分认识到群众是农村工作的主体，是推动农村发展的根本力量。因此，发挥群众的作用、激发他们的活力，对于推动农村工作的开展和取得实效至关重要。

首先，基层干部应通过广泛宣传，提高群众对党的路线、方针、政策和国家法律法规的认知度。他们可以利用各种宣传渠道，如广播、电视、报纸

以及新媒体等，向群众普及党的政策和国家法律法规，帮助他们树立正确的思想观念和价值取向。这样做不仅有助于增强群众的政治觉悟和法律意识，还能为他们参与农村工作提供有力的思想武器。

其次，基层干部应尊重群众的意愿和选择，充分发挥他们在农村工作中的主体作用。在制定工作计划和措施时，基层干部应广泛征求群众的意见和建议，确保工作决策符合群众的利益诉求。同时，他们还应积极引导和鼓励群众参与到农村工作的各个环节中来，如项目建设、环境保护、文化传承等，让群众真正成为农村工作的参与者和受益者。

最后，基层干部应努力激发群众的积极性和创造性。他们可以通过举办各类培训活动、开展技能竞赛等方式，提高群众的专业技能和综合素质，为他们参与农村工作提供有力的能力支撑。同时，基层干部还应建立健全激励机制，对在农村工作中表现突出的群众给予适当的表彰和奖励，以此激发更多人的积极性和创造性。

第四节　懂经济，善管理，带领群众致富

一、强调经济知识和管理能力重要性

在农村工作中，经济知识和管理能力对于基层干部而言至关重要，它们是推动农村经济发展和带领群众致富的关键因素。

1. 经济知识的重要性

在农村工作中，掌握经济知识对于基层干部而言，是引领农村走向繁荣的基石。农村经济并非孤立存在，而是与多个领域紧密相连，包括农业生产、农产品深加工、市场营销策略等。这些领域的每一个决策，都离不开对经济原理和市场动态的深入理解。

首先，经济知识为基层干部提供了分析市场动态的工具。在农业生产方

面，了解供求关系、价格波动等经济因素，有助于预测市场趋势，引导农民种植适销对路的农产品。在农产品加工领域，经济知识能够帮助基层干部判断投资方向，选择具有市场潜力的加工项目，从而提升农产品的附加值。而在市场营销环节，掌握经济知识则意味着能够更精准地定位目标市场，制定有效的销售策略。

其次，经济知识是理解和执行国家经济政策的关键。国家的经济政策往往与农村经济发展紧密相连，如农业补贴、税收优惠、信贷支持等。基层干部只有深入理解这些政策的经济学原理和目标，才能确保政策在农村的有效实施，让农民真正受益。

最后，经济知识还有助于基层干部提升农村经济的整体竞争力。通过对比分析不同地区、不同行业的经济发展模式，基层干部可以借鉴成功经验，创新农村经济发展路径。同时，他们还可以利用经济知识指导农民参与市场竞争，提高农产品的品牌知名度和市场占有率。

2. 管理能力的重要性

在农村工作中，管理能力无疑是基层干部推动各项任务顺利进行的关键所在。面对农村工作的复杂性和多样性，基层干部必须具备良好的组织协调能力、决策能力以及执行能力，才能确保各项资源得到合理配置，工作流程得以优化，并最终实现工作效率的提升。

首先，管理能力有助于基层干部合理配置资源。农村工作涉及人力、物力、财力等多个方面，如何将这些资源进行合理配置，使其发挥最大效用，是基层干部必须面对的问题。通过科学的管理方法，基层干部可以对资源进行全面评估，根据实际需求进行合理分配，从而确保各项工作的顺利开展。

其次，管理能力能够优化工作流程。农村工作往往涉及多个环节和部门，如果缺乏有效的管理，很容易出现工作重复、效率低下等问题。基层干部通过运用现代管理方法和技巧，可以对工作流程进行梳理和优化，去除不必要的环节和障碍，实现工作的高效运转。

再次，管理能力对提升工作效率具有显著影响。高效的工作不仅能够节

约时间和成本，还能够提升群众对基层干部的信任和满意度。基层干部通过制定合理的工作计划、明确工作目标和责任分工，可以确保各项工作按时按质完成，从而提升整体工作效率。

最后，良好的管理能力还有助于调动群众的积极性。农村工作的顺利开展离不开群众的参与和支持。基层干部通过运用民主管理、激励机制等管理手段，可以激发群众的积极性和创造性，引导他们主动参与到农村工作中来，形成推动工作的强大合力。

二、探讨带领群众发展农村经济途径

1. 深入调研，科学规划

在探讨如何带领群众发展农村经济时，深入调研和科学规划是至关重要的。基层干部需要深入农村一线，通过实地走访、问卷调查等方式，全面了解当地的资源条件、产业基础以及市场需求。这些调研结果将为后续的发展规划提供重要依据。

同时，基层干部还需要充分了解群众的发展意愿和期望。只有深入了解群众的需求和期望，才能制定出符合当地实际、切实可行的发展规划。在规划过程中，基层干部应结合国家政策和区域发展规划，确保农村经济发展与国家和区域的整体发展战略相契合。

制定发展规划时，应注重科学性和合理性。基层干部需要运用专业知识，结合当地实际情况，制定出具有可操作性和可持续性的发展方案。这些方案应明确发展目标、具体措施和实施步骤，确保农村经济发展有条不紊地推进。

此外，基层干部还应注重发展规划的实效性和针对性。在实施过程中，要密切关注市场动态和群众反馈，及时调整和优化发展规划，确保农村经济发展始终保持在正确的轨道上。同时，基层干部还应积极引导和鼓励群众参与到发展过程中来，形成推动农村经济发展的强大合力。

2. 争取支持，强化保障

在推动农村经济发展的过程中，争取上级的政策支持和资金投入是至关重要的。这些支持和保障能够为农村经济发展提供强劲的动力和稳定的基础。

为了争取更多的政策倾斜，基层干部需要与上级部门保持密切的沟通联系。他们可以通过定期汇报工作进展、提出发展需求等方式，让上级部门更加了解当地农村的实际情况和发展需求。同时，基层干部还要密切关注政策动向，及时了解新的政策信息和项目申报机会，为农村经济发展争取更多的政策支持。

除了政策支持外，资金投入也是农村经济发展不可或缺的重要保障。基层干部需要积极争取各级财政的资金支持，用于改善农村基础设施、提升农业技术装备水平等方面。他们可以与财政部门加强沟通协调，制定详细的资金需求和使用计划，确保资金能够精准投入到农村经济发展的关键领域和环节。

同时，基层干部还要注重与金融、科技、农业等部门的合作与协调。他们可以与金融机构合作，推动农村金融产品创新和服务优化，为农村经济发展提供更多的融资渠道和金融服务。与科技部门合作，可以引进先进的农业技术和装备，提高农业生产效率和产品品质。与农业部门合作，可以共同推动农产品加工业的发展，延长产业链，增加农产品附加值。

在争取支持和强化保障的过程中，基层干部还要注重工作方法和策略的运用。他们可以通过制定详细的工作计划、明确工作目标和责任分工等方式，提高工作效率和执行力。同时，还要注重与群众的沟通和协作，充分了解群众的发展需求和期望，共同推动农村经济的持续发展。

3. 引导群众，激发活力

在推动农村经济发展的过程中，基层干部的核心任务之一是引导群众积极参与，并激发他们的内在活力和创造力。这一目标的实现，对于确保农村经济的持续、健康发展至关重要。

为了实现这一目标，基层干部需要采取多种措施。首先，通过宣传教育的方式，帮助群众转变传统观念，认识到自身在农村经济发展中的重要角色。这可以通过组织讲座、研讨会、培训班等活动，向群众普及市场经济知识、农业技术信息和创业就业政策，提升他们的认知水平和参与意愿。

其次，示范引领是激发群众活力的有效途径。基层干部可以积极培育和宣传当地的先进典型，如成功创业的农民、高效农业生产的示范户等，让群众看到身边的成功案例，从而增强他们的发展信心和动力。这些先进典型不仅可以提供宝贵的经验借鉴，还能在群众中起到良好的示范带头作用。

再次，提供技能培训也是关键一环。基层干部应根据当地产业发展和市场需求，组织针对性的技能培训活动。这些培训可以涵盖农业种植技术、畜牧养殖技术、农产品加工技术等方面，帮助群众提升就业能力和创业本领。通过掌握一技之长，群众将更有信心和能力参与到农村经济发展中来。

最后，提供就业信息服务是激发群众活力的又一重要举措。基层干部可以与人力资源部门、企业等合作，及时收集和发布就业信息，为群众提供丰富的就业选择和机会。这将有助于群众了解市场需求，找到合适的就业岗位或创业机会，实现稳定增收和持续发展。

4. 培养能力，鼓励创新

在推动农村经济发展的过程中，培养群众的自我发展能力和创新意识是至关重要的。这不仅有助于提升群众的个人素质，还能为农村经济的持续发展注入新的活力。

为了培养群众的自我发展能力，基层干部需要积极组织各类学习活动。这些活动可以包括农业技术培训、经营管理知识讲座、市场营销策略研讨等，旨在帮助群众掌握新知识、新技能，提升他们的综合素质和发展潜力。通过学习，群众可以更好地适应市场变化，把握发展机遇，实现自我价值的提升。

同时，推广先进经验也是培养群众自我发展能力的重要途径。基层干部可以定期组织群众参观学习先进典型，借鉴他们的成功经验和做法。这不仅可以开阔群众的视野，还能激发他们的创新思维和进取心，促使他们在自身的发展道路上不断取得新的突破。

在鼓励创新方面，基层干部需要营造宽松、包容的氛围，让群众敢于尝试、勇于创新。他们可以支持群众发展特色产业，提供必要的政策扶持和资金支持，帮助群众将创新想法转化为实际行动。同时，基层干部还可以引导群众开拓新市场，拓展销售渠道，为农村经济发展打开更广阔的空间。

为了激发群众的创新意识，基层干部还可以设立创新奖励机制，对在农村经济发展中做出突出贡献的创新行为进行表彰和奖励。这将进一步激发群众的创新热情，推动农村经济发展不断迈上新的台阶。

三、实现共同富裕目标

1. 坚持以人为本，关注群众需求

要全面了解群众需求，基层干部需要通过多种途径进行调研。走访农户是一种直接有效的方式，可以深入了解他们的生产生活情况，发现存在的问题和困难。同时，召开座谈会也是一个重要的渠道，可以集中听取群众的意见和建议，了解他们的期望和需求。通过这些调研活动，基层干部可以更加准确地把握群众的需求，为制定符合实际的发展规划和实施方案提供有力支撑。

在制定发展规划和实施方案时，基层干部必须始终将群众的利益放在首位。规划内容要紧密结合群众的实际需求，确保项目能够真正惠及广大群众。同时，实施过程中要注重听取群众的反馈意见，及时调整工作思路和方法，确保项目能够顺利推进并取得实效。

此外，基层干部还要注重激发群众的内在动力。通过宣传教育、技能培训等方式，提高群众的自我发展能力和创新意识，引导他们积极参与到农村经济发展中来。同时，要建立健全激励机制，对在农村经济发展中做出突出

贡献的群众进行表彰和奖励，进一步激发他们的积极性和创造力。

2. 发展农村经济，提高收入水平

发展农村经济是实现共同富裕的重要途径，基层干部需采取有力措施促进农村经济增长，进而提高群众的收入水平。

要发展农村经济，基层干部应首先识别和利用当地的资源优势。这可能包括丰富的自然资源、独特的地理位置、传统的手工艺技能等。通过深入调研和分析，基层干部可以确定具有发展潜力的特色产业和优势产业，如特色种植、养殖、乡村旅游等。

确定发展方向后，基层干部应积极推动相关产业的发展。他们可以组织群众参与产业培训，提升他们的专业技能和知识水平；引进先进的农业技术和设备，提高农业生产效率；加强与市场的对接，拓宽销售渠道，确保农产品能够顺利销售出去。

同时，基层干部还应鼓励和支持群众参与多种形式的就业创业。他们可以提供就业信息，帮助群众找到合适的工作岗位；提供创业指导和资金支持，鼓励群众自主创业；推动农村合作社等集体经济的发展，让群众能够共享集体经济的成果。

在发展农村经济的过程中，基层干部还要注重保护生态环境和传统文化。他们应推动绿色、可持续的农业发展方式，避免对生态环境造成破坏；加强对传统文化的挖掘和保护，让传统文化成为推动农村经济发展的重要力量。

3. 完善社会保障，提高生活保障水平

社会保障是群众基本生活的重要支撑，对于农村群众而言尤为重要。为了完善农村社会保障制度，提高群众的生活保障水平，基层干部需要采取切实有效的措施。

在养老保险方面，基层干部应积极推动养老保险制度的完善，确保农村老年人在退休后能够得到稳定的经济来源，安享晚年。他们可以通过加大政策宣传力度，提高群众的参保意识；同时，优化养老保险的缴费和领取机制，

使其更加便捷、高效。

在医疗保险方面，基层干部要关注农村群众的健康需求，推动医疗保险制度的全覆盖。他们可以完善医疗保险的报销机制，降低群众的医疗负担；同时，加强与医疗机构的合作，提高农村地区的医疗服务水平。

除了养老保险和医疗保险，基层干部还要关注其他社会保障领域，如失业保险、工伤保险、最低生活保障等。他们应根据实际情况，制定相应的政策措施，为群众提供全方位的社会保障。

在关注弱势群体方面，基层干部要给予更多的关爱和帮助。他们可以建立健全社会救助体系，为困难群众提供及时有效的救助；同时，推动社会福利事业的发展，为弱势群体提供更多的福利服务。

4. 加强宣传教育，营造良好的社会氛围

为了实现共同富裕目标，营造和谐稳定的社会氛围至关重要。基层干部在推动农村经济发展的同时，必须注重加强宣传教育引导工作，以营造良好的社会氛围，为共同富裕目标的实现提供有力支撑。

在宣传教育方面，基层干部应通过多种渠道和形式，广泛传播正确的价值观念和发展理念。他们可以利用广播、电视、报纸等传统媒体，以及互联网、手机等新媒体平台，向群众普及共同富裕的重要性和实现路径。同时，通过举办讲座、培训班等活动，提高群众对共同富裕的认识和理解，引导他们积极参与到实现共同富裕的行动中来。

除了宣传教育，基层干部还应积极组织各类文化活动，丰富群众的精神文化生活。他们可以结合当地的文化传统和民俗风情，开展文艺演出、展览展示、体育比赛等群众性文化活动，让群众在参与中感受到文化的魅力和社会的温暖。这些活动不仅有助于提升群众的文化素养和幸福指数，还能促进人与人之间的交流和互动，增进社会的和谐与稳定。

在营造社会氛围方面，基层干部还应注重发挥榜样的示范带动作用。他们可以挖掘和宣传当地在实现共同富裕过程中涌现出的先进典型和感人事迹，用身边的人和事教育引导群众，激发他们的内生动力和创造活力。通过

树立正面典型，可以让群众看到实现共同富裕的希望和前景，从而更加坚定地支持和参与到共同富裕的行动中来。

第五节　加强农村精神文明建设

一、农村精神文明建设重要性紧迫性

农村精神文明建设在新时代背景下显得尤为重要而紧迫，其重要性与紧迫性主要体现在以下几个方面：

1. 满足农民群众日益增长的精神文化需求

随着农村经济的蓬勃发展，农民群众的生活水平得到了显著提升。在这一背景下，他们对精神文化的渴求也日益凸显，不再仅仅局限于物质层面的追求，而是更加注重精神世界的充实与满足。

为了响应农民群众的这一需求，加强农村精神文明建设显得尤为重要。这不仅仅是为了丰富农民群众的文化生活，更是为了提升他们的整体素养，进而推动农村社会的全面进步。

要实现这一目标，我们需要为农民群众提供多样化、高品质的文化产品和服务。这包括但不限于组织各类文化活动、推广优秀的文艺作品、建设和完善文化设施等。通过这些举措，我们可以让农民群众在家门口就能享受到精彩纷呈的文化盛宴，从而满足他们的精神文化需求。

同时，我们还应该注重培养农民群众的文化自觉和文化自信。通过教育和引导，让他们意识到文化的重要性，激发他们参与文化建设的热情。只有这样，农村精神文明建设才能真正深入人心，发挥出应有的作用。

2. 提升农民群众的思想道德素质和科学文化素质

农村精神文明建设对于提升农民群众的思想道德素质和科学文化素质至关重要。这是推动农村社会全面进步、实现乡村振兴的必然要求。

在思想道德素质方面，我们需要通过广泛而深入的教育引导，帮助农民群众树立正确的价值观念。这包括弘扬社会主义核心价值观，倡导诚信、友善、勤劳、节俭等传统美德，以及培养他们对家庭、对社会的责任感。通过这些努力，我们可以促进农村社会风气的改善，营造出和谐、文明、进步的社会氛围。

在科学文化素质方面，我们致力于普及科学知识，提高农民群众的科技素养。这包括推广现代农业技术，提升他们的农业生产能力；加强农村教育，提高农民子女的受教育程度；以及丰富农村文化生活，满足农民群众日益增长的精神文化需求。这些措施将有助于激发农村社会的创新活力，推动农村经济社会的持续发展。

为了实现这些目标，我们需要整合各种资源，形成合力。政府应加大投入，完善农村基础设施，提供必要的教育和文化服务；社会各界也应积极参与，为农村精神文明建设贡献力量。同时，我们还应注重发挥农民群众的主体作用，激发他们的积极性和创造力。

3. 为农村经济社会发展提供思想保证和精神动力

农村精神文明建设与农村经济社会发展息息相关，它为后者提供了不可或缺的思想保证和精神动力。一个充满活力、积极向上的农村社会环境，能够激发农民群众的创造力和进取心，进而推动农村经济的蓬勃发展。

首先，农村精神文明建设通过传播先进的文化和理念，帮助农民群众树立正确的价值观念和发展观。这些积极的思想观念为农村经济社会发展提供了坚实的思想基础，引导农民群众以更加开放、包容的心态面对变革，积极投身于农村建设和发展中。

其次，农村精神文明建设注重培养农民群众的科学文化素养和创新能力。通过普及科学知识、推广农业技术等措施，提升农民群众的科技水平和生产能力，为农村经济的持续增长注入新的活力。同时，创新能力的培养也鼓励农民群众勇于尝试新事物、新方法，推动农村经济社会的创新发展。

最后，农村精神文明建设还致力于打造和谐、稳定的社会环境。通过加

强社会公德教育、推动乡村治理等措施，提升农民群众的社会责任感和集体荣誉感，营造出团结互助、和谐共处的社会氛围。这种稳定的社会环境为农村经济社会发展提供了必要的社会条件，保障了农村经济的平稳运行和持续发展。

二、分析基层干部角色和责任

在农村精神文明建设的伟大实践中，基层干部的作用举足轻重，他们不仅是推动者，更是实践者。具体来说，他们的角色和责任可以细化为以下几个方面：

1. 思想教育的引导者

在农村精神文明建设的进程中，基层干部扮演着举足轻重的角色，他们的首要职责是担任思想教育的引导者。这一角色的核心任务在于引导农民群众形成正确的思想观念，进而为农村的和谐稳定与发展奠定坚实的思想基础。

为了实现这一目标，基层干部需要采取多种形式和手段。他们通过组织学习会议、座谈交流等活动，将党的路线、方针、政策以及社会主义核心价值观等重要内容传递给农民群众。这些活动不仅有助于农民群众了解国家的大政方针，更能帮助他们树立正确的世界观、人生观和价值观，从而在日常生活中做出更加明智和负责任的选择。

除此之外，基层干部还需密切关注农民群众的思想动态。他们通过走访农户、开展调研等方式，及时了解农民群众的所思所想，解答他们在思想观念上的困惑和疑问。这种互动式的交流方式，不仅能够增强农民群众对基层干部的信任感，更能引导他们理性看待社会现象，增强社会责任感和集体荣誉感。

2. 文化活动的组织者

为了满足农民群众日益增长的精神文化需求，基层干部在农村扮演着文化活动的组织者的重要角色。他们不仅致力于丰富农民群众的文化生活，还注重提升他们的文化素养，为农村的精神文明建设贡献力量。

为了有效组织和策划文化活动，基层干部首先深入了解当地的文化传统和节日习俗。他们挖掘并整理乡村的历史文化、民间艺术等元素，结合现代文化形式，创新设计出富有地方特色的文化活动。这些活动包括文艺演出、书画展览、读书会等，旨在让农民群众在参与中感受文化的魅力，提升文化素养。

在组织文化活动的过程中，基层干部注重活动的多样性和参与性。他们根据农民群众的兴趣爱好和需求，策划不同类型的文化活动，如戏曲表演、舞蹈比赛、诗歌朗诵等，让不同年龄层次的农民都能找到自己喜欢的文化娱乐方式。同时，他们还鼓励农民群众积极参与活动的策划和组织，培养农民群众的文化自觉和文化自信。

除了组织丰富多彩的文化活动，基层干部还致力于完善农村文化设施。他们争取政府和社会各界的支持，加大投入力度，建设图书室、文化活动中心等公共文化场所。这些设施为农民群众提供了便捷的文化服务，满足了他们日益增长的精神文化需求。

3. 社会风尚的培育者

在农村精神文明建设中，基层干部承担着社会风尚培育者的重要角色。他们深知，良好的社会风尚是农村社会的宝贵财富，对于促进农村和谐稳定、推动农村持续发展具有重要意义。因此，基层干部注重从社会公德入手，努力培育尊老爱幼、团结互助、诚实守信等优良传统和美德。

为了有效培育社会风尚，基层干部采取多种方式进行宣传教育。他们利用广播、电视、宣传栏等多种渠道，广泛传播社会公德知识和道德规范，引导农民群众树立正确的价值观念和行为准则。同时，基层干部还注重发挥示范引领作用，以身作则、率先垂范，成为农民群众学习的榜样和楷模。

在培育社会风尚的过程中，基层干部还加大对不良社会风气的整治力度。他们坚决打击赌博、封建迷信等违法违规活动，净化农村社会环境。同

时，基层干部还倡导健康文明的生活方式，推动农村移风易俗，引导农民群众摒弃陈规陋习，树立新风正气。

此外，基层干部还注重发挥群众的力量，鼓励农民群众积极参与社会风尚的培育和弘扬。他们通过组织志愿者活动、开展文明家庭评选等方式，激发农民群众的积极性和创造力，共同营造和谐、文明、进步的社会氛围。

三、探讨具体举措和途径

1. 建立健全相关制度机制

为了有序推进农村精神文明建设工作，建立健全相关制度机制至关重要。这些制度机制应涵盖农村文化设施的建设与管理、文化活动的组织与策划、文化市场的监管与引导等方面，确保农村精神文明建设的各项工作有章可循、有据可依。

在文化设施建设方面，应制定明确的规划和标准，确保农村文化设施的数量、质量和布局满足农民群众的实际需求。同时，建立设施管理机制，明确责任主体和运维流程，确保文化设施的正常运转和持续利用。

在文化活动组织方面，应完善活动策划、实施和评估机制，鼓励农民群众积极参与文化活动的组织和实施过程。通过举办丰富多彩的文化活动，如文艺演出、展览展示、读书交流等，提升农民群众的文化素养和审美情趣。

在文化市场监管方面，应建立健全市场准入、监管和退出机制，规范文化市场秩序，防止不良文化产品的传播和侵蚀。同时，加强对农村文化市场的引导和扶持，培育健康向上的文化消费环境。

此外，为了确保农村精神文明建设工作的有效实施，还应建立相应的考核机制和奖惩机制。通过对工作成果的定期评估和督导检查，及时发现问题和不足，并采取有效措施加以改进。同时，对在农村精神文明建设工作中表现突出的集体和个人给予表彰和奖励，激发广大农民群众和基层干部的积极性和创造力。

2. 加强阵地建设，扩大覆盖面和影响力

农村精神文明建设需要稳固的阵地来推动工作的深入开展。因此，加强阵地建设，特别是农村文化设施的建设，成为一项重要任务。这些设施包括图书馆、文化活动室等，它们不仅是农民群众获取文化知识的场所，更是农村精神文明建设的坚实堡垒。

第一，要加强农村文化设施的建设。各级政府应加大投入，按照规划和标准，建设一批符合农民群众需求的文化设施。这些设施应布局合理、功能完善，能够满足农民群众阅读、学习、娱乐等多方面的需求。同时，要注重设施的维护和管理，确保它们能够长期、稳定地为农民群众提供服务。

第二，要发挥文化设施的作用。基层干部应积极组织农民群众利用这些设施开展丰富多彩的文化活动。比如，可以在图书馆举办读书会、讲座等活动，提高农民群众的文化素养；在文化活动室开展文艺演出、展览等活动，丰富农民群众的精神文化生活。通过这些活动，不仅可以吸引农民群众的积极参与，还能增强他们的归属感和认同感。

第三，要利用现代信息技术手段打造线上文化平台。随着互联网等现代信息技术的普及，线上文化平台成为农村精神文明建设的新阵地。基层干部应积极探索线上文化服务的新模式，如建设数字化图书馆、开设网络文化活动室等，为农民群众提供更加便捷、多元的文化服务。同时，要加强线上线下的互动融合，让线上线下相互补充、相互促进。

通过加强阵地建设并扩大覆盖面和影响力，农村精神文明建设将更加深入人心。农民群众将在享受文化服务的过程中不断提升自身的文化素养和审美情趣，为农村社会的和谐稳定和发展贡献更大的力量。

3. 创新方式方法，提高工作效果和质量

为了更有效地推进农村精神文明建设，必须对传统的工作方式进行创新和改进。创新的方式方法可以更好地吸引农民群众的注意力，激发他们的参

与热情，从而提高工作的效果和质量。

在创新宣传教育方式上，我们可以采用多种生动形象的形式，如文艺演出、故事讲述等，将思想道德教育和科学文化知识巧妙地融入到这些活动中。这样做不仅可以增强农民群众的兴趣和共鸣，还能使他们在轻松愉快的氛围中接受教育，提高接受度和认同感。

除了创新宣传教育方式外，我们还可以积极借鉴其他地区或行业的成功经验和做法。通过学习和借鉴，我们可以发现新的工作思路和方法，为农村精神文明建设工作带来新的活力和动力。在借鉴过程中，我们需要结合当地的实际情况进行改进和创新，确保这些经验和做法能够在本地生根发芽，发挥出最大的效用。

同时，我们还应该注重运用现代科技手段来创新工作方式方法。例如，可以利用互联网、手机等新媒体平台来传播精神文明建设的内容，扩大覆盖面和影响力。这些新媒体平台具有传播速度快、互动性强等特点，可以更好地满足农民群众的信息需求，提高工作的实效性和互动性。

4. 注重发挥群众的主体作用和创新精神

在农村精神文明建设的进程中，农民群众无疑是主体力量，他们的积极性和创造力对推动工作具有决定性作用。因此，我们必须高度重视并充分发挥群众的主体作用和创新精神。

要发挥群众的主体作用，关键在于广泛征求和吸纳农民群众的意见和建议。这不仅是尊重群众主体地位的体现，更是确保工作贴近实际、贴近群众的有效途径。通过深入田间地头、走访农户、召开座谈会等方式，我们可以及时了解农民群众的需求和期盼，将他们的智慧和力量凝聚到农村精神文明建设的伟大实践中来。

同时，加强对农民群众的教育和引导也至关重要。通过举办各类培训班、讲座等活动，我们可以提高农民群众的文化素养和综合素质，激发他们的内在动力和创新精神。只有当农民群众具备了足够的知识和技能，他们才能更好地参与到农村精神文明建设中来，为工作的顺利推进提供有力的人才保障和智力支持。

在发挥群众主体作用的基础上，我们还要进一步激发群众的创新精神。创新精神是推动农村精神文明建设不断向前发展的核心动力。我们要鼓励农民群众敢于尝试、勇于实践，在传统文化中注入现代元素，在现代文明中汲取传统智慧，创造出具有地方特色的农村精神文明建设新模式、新经验。

第六节　承担乡村治理重点任务

一、介绍乡村治理重点任务目标

乡村治理，作为乡村振兴的核心环节，承载着促进农村发展、维护农村稳定的重要使命。其重点任务目标深远而重大，不仅直接关联农民群众的生活质量与幸福感，更是乡村振兴战略实现的关键支撑。

1. 维护农村社会稳定

乡村治理的重点任务目标众多，其中维护农村社会稳定、加强基层组织建设、推动农村经济发展和改善农村生态环境等方面尤为关键。以下将逐一进行详细介绍。

第一，维护农村社会稳定。农村社会的稳定和谐是农民群众安居乐业、农村经济稳步发展的基石。为实现这一目标，需要基层干部深入农村、贴近农民，及时了解和掌握农村社会动态。具体而言，就是要关注农民群众的切身利益，及时发现和解决存在的矛盾和问题，有效预防和化解各类矛盾纠纷。同时，要加强农村社会治安综合治理，严厉打击违法犯罪活动，确保农村社会大局的和谐稳定。通过这些措施，可以为农民群众创造一个安全、有序的生产生活环境。

第二，加强基层组织建设。基层组织是乡村治理的基础和关键。要加强基层党组织建设，提高党组织的凝聚力和战斗力，发挥党员在乡村治理中的

先锋模范作用。同时，要加强村民委员会等自治组织建设，提高村民自我管理、自我教育、自我服务的能力。通过这些措施，可以构建起坚强有力的基层组织体系，为乡村治理提供坚实的组织保障。

第三，推动农村经济发展。农村经济发展是乡村治理的重要目标之一。要大力发展现代农业，提高农业综合生产能力，促进农民增收致富。同时，要积极发展农村第二、三产业，拓宽农民增收渠道。通过这些措施，可以推动农村经济的持续健康发展，为乡村治理提供坚实的物质基础。

第四，改善农村生态环境。农村生态环境是乡村治理的重要内容之一。要坚持绿色发展理念，加强农村生活设施建设和环境保护，推进农村人居环境整治和美丽宜居乡村建设。通过这些措施，可以改善农村的生态环境质量，提高农民群众的生活品质和幸福感。

2. 促进农村公平正义

农村公平正义，作为社会主义核心价值的体现，直接关乎农民群众的切身利益与福祉。在乡村治理的实践中，促进农村公平正义具体包含以下几个方面：

第一，保障农民合法权益。这意味着要确保农民群众在政治、经济、文化等各方面的权益得到充分尊重和保障。基层干部应依法依规处理农村事务，坚决维护农民的合法权益，防止任何形式的权益侵害行为。

第二，实现资源公平分配。在乡村治理过程中，要坚持公平原则，合理配置和利用农村资源。这包括土地、用水、教育、医疗等各方面的资源，确保每个农民都能享受到公平的资源分配。

第三，营造公正公开的社会氛围。公正公开是农村社会和谐稳定的重要保障。基层干部应坚持公正公开的原则，及时公开村务信息，接受农民群众的监督。同时，要坚决纠正和惩治侵害农民利益的不正之风和腐败行为，为农民群众营造一个公正、公平、公开的农村社会环境。

通过以上措施，我们可以有效促进农村的公平正义，让农民群众在乡村治理中感受到更多的获得感、幸福感和安全感。这不仅是社会主义核心价值的体现，也是乡村治理的重要目标和任务。

3. 推动农村民主法治建设

第一，加强法治宣传教育。深入开展法治宣传教育，是提高农民群众法治意识和依法维权能力的有效途径。通过举办法律知识讲座、制作法治宣传栏、发放法治宣传资料等形式，向农民群众普及宪法、法律、法规等基本知识，引导他们树立法治观念，养成依法办事的习惯。

第二，完善村民自治机制。村民自治是乡村治理的重要基础。要完善村民自治章程、村规民约等自治制度，明确村民的权利和义务，规范村民的行为。同时，加强村民代表大会、村民委员会等自治组织的建设，提高村民的自我管理、自我教育、自我服务能力。

第三，加强农村基层组织建设和管理。农村基层组织是乡村治理的重要力量。要加强基层党组织建设，提高党组织的凝聚力和战斗力，发挥党员在乡村治理中的先锋模范作用。同时，加强对村干部的培训和管理，提高他们的法治素养和依法办事能力。

二、分析基层干部在乡村治理中重要性作用

基层干部作为乡村治理的"排头兵"和"主力军"，其作用至关重要，不可或缺。他们在政策执行、沟通协调、示范引领以及组织动员等方面发挥着举足轻重的作用，为提升乡村治理水平奠定了坚实的基础。

1. 政策执行的中坚力量

基层干部是国家和地方政府各项政策得以有效执行的关键。他们深入农村一线，与农民群众有着最直接的联系，了解农民的需求和实际情况。因此，在政策执行过程中，基层干部能够结合实际情况，灵活而富有创造性地执行政策，确保政策能够真正落地生根，惠及广大农民群众。

具体来说，基层干部在政策执行中发挥着以下几个方面的作用：一是准确理解和把握政策精神，确保政策执行不走样；二是结合当地实际，制定切

实可行的实施方案和措施；三是积极动员和组织农民群众参与政策实施，形成工作合力；四是对政策执行效果进行持续跟踪和评估，及时发现问题并进行调整优化。这些作用的发挥都离不开基层干部的辛勤付出和努力工作。

此外，基层干部在政策执行过程中还需注重与农民群众的沟通和交流，及时了解他们的反馈和意见，积极回应他们的关切和诉求。这样不仅能够增强农民群众对政策的认同感和支持度，还能够促进政策执行的顺利推进和取得实效。

2. 沟通协调的桥梁纽带

在乡村治理体系中，基层干部扮演着沟通协调的桥梁纽带角色，他们的工作对于促进信息流通、理解互信以及矛盾化解至关重要。具体来说：

一是农民群众意见的反馈者。基层干部在农村工作中，扮演着农民群众意见反馈者的重要角色。他们通过深入农村、走访农户以及召开座谈会等方式，广泛且细致地收集农民群众的意见和建议。这些意见和建议，直接反映了农民的真实心声和实际需求。

在收集意见的过程中，基层干部倾听农民的话语，了解他们的所思所盼，将这些原汁原味的民意进行整理和分析。他们不仅关注农民的生产生活问题，还关心他们的精神文化需求，确保反馈的信息全面、准确。

随后，基层干部将这些宝贵的民意信息及时反馈给政府部门。这种反馈为政府决策提供了重要参考，帮助政府更准确地把握农村的实际情况，进而制定出更加贴近农民需求、更符合农村实际的政策措施。通过这种方式，基层干部架起了政府与农民群众之间的桥梁，促进了双方的沟通与理解。

二是政府决策的传播者。作为政府决策的传播者，基层干部承担着将政府决策和部署传达给农民群众的重要职责。他们通过召开村民大会、张贴公告以及入户宣讲等多种方式，确保农民群众能够及时了解政府的新政策、新举措。

在传达政策的过程中，基层干部不仅简单地传递信息，更是详细解释政策的内容、目的和意义。他们用通俗易懂的语言，耐心地向农民群众阐述政策的来龙去脉，帮助他们理解政策背后的深层考虑和长远规划。这种传播方式有助于消除农民群众对政策的疑虑和误解，增强他们对政策的认知度和认同感。

此外，基层干部还注重引导农民群众正确理解和支持政府工作。他们通过举例说明、对比分析等方法，让农民群众明白政策实施的重要性和必要性，以及自身在政策实施过程中的角色和责任。这种引导有助于激发农民群众的积极性和主动性，推动政策在基层的顺利执行。

三是矛盾纠纷的调解者。在乡村治理的实践中，矛盾纠纷是不可避免的现象。面对这些问题，基层干部扮演着重要的调解者角色。他们凭借对农村情况的深入了解和对农民心理的敏锐洞察，能够迅速介入调解工作，有效化解矛盾，维护社会稳定。

在调解过程中，基层干部注重摆事实、讲道理、明法律。他们通过耐心倾听当事人的诉求，深入了解矛盾纠纷的根源和实质，然后运用法律知识、道德规范以及乡村习俗等多种手段，帮助当事人找到解决问题的最佳途径。这种调解方式不仅有助于化解矛盾，更能促进当事人之间的相互理解和信任。

基层干部在调解工作中还注重情、理、法的有机结合。他们既讲感情，又讲原则，既尊重传统，又遵守法律，力求在维护当事人合法权益的同时，实现社会效果和法律效果的统一。这种调解机制不仅有助于维护农村社会的和谐稳定，更能促进干群关系的融洽和谐，为乡村治理奠定坚实的群众基础。

3.示范引领的榜样力量

基层干部在乡村治理中不仅扮演着执行者和协调者的角色，更是农民群众身边的榜样。他们的行为举止对农民群众产生着深远的影响，成为引领乡村社会文明进步的重要力量。

第一，品德修养的示范。在乡村社会中，基层干部是农民群众道德上的重要楷模。他们的品德修养，不仅关乎个人形象，更影响着整个乡村的道德风尚。因此，基层干部必须具备高尚的品德修养，成为农民群众学习的榜样。

具体来说，基层干部要自觉遵守国家法律法规和社会公德良序。他们不仅要在工作中恪守法律底线，更要在日常生活中践行社会主义核心价值观，展现出良好的道德风尚和行为规范。这种自觉遵守和践行的态度，能够让农民群众看到法律的威严和道德的力量，从而引导他们树立正确的道德观念。

此外，基层干部的品德修养还体现在他们与农民群众的互动中。他们尊重农民、关心农民、帮助农民，用实际行动传递着温暖和关爱。这种亲民、爱民的形象，让农民群众感受到社会的温暖和正义的力量，从而激发出他们内心的向善之心。

第二，工作作风的引领。在乡村治理工作中，基层干部的工作作风对农民群众的影响深远。他们的工作方式、态度和效果，都直接关系到政府形象和农民群众的满意度。因此，基层干部必须以身作则，展现出勤勉务实、廉洁奉公的工作作风，为农民群众树立正面榜样。

勤勉务实是基层干部的基本工作准则。他们应深入田间地头，了解农民的生产生活情况，倾听农民的声音，为农民解决实际问题。在工作中，基层干部要注重实效，力戒形式主义、官僚主义，确保各项工作能够真正落到实处，让农民群众受益。

廉洁奉公是基层干部的道德底线。他们应时刻保持清醒头脑，自觉抵制各种诱惑和腐败行为，做到清正廉洁、公正执法。在处理问题时，基层干部要公平公正，不偏袒任何一方，维护农民群众的合法权益。

通过自身的工作实践和成效，基层干部能够激发农民群众的积极性和创造力。当农民群众看到基层干部勤勉务实、廉洁奉公的工作作风时，他们会更加信任和支持政府工作，积极参与乡村治理工作。这种良性互动有助于推动乡村治理工作的顺利开展，促进乡村社会的和谐稳定。

第三，治理能力的展示。在乡村治理的舞台上，基层干部的治理能力无疑是决定其影响力的关键。他们的组织协调能力、决策执行能力和创新应变能力，都直接影响着农民群众对政府的信任度。因此，基层干部必须努力提升自身的治理能力，以更好地应对乡村治理中的各种挑战。

组织协调能力是基层干部的基本功。他们需要善于协调各方利益，化解矛盾纠纷，促进乡村社会的和谐稳定。在日常工作中，基层干部要注重与农民群众的沟通交流，了解他们的需求和诉求，积极为他们排忧解难。同时，基层干部还要善于调动各方面的资源，形成工作合力，共同推动乡村治理工作的开展。

决策执行能力是基层干部的核心能力。他们需要具备敏锐的洞察力和判断力，能够在复杂多变的乡村治理环境中迅速做出正确的决策。在执行决策过程中，基层干部要注重策略性和灵活性，根据实际情况及时调整工作策略和方法，确保各项工作能够得到有效落实。

创新应变能力是基层干部的重要素养。他们需要敢于创新、勇于尝试，不断探索适应乡村治理新形势的新思路和新方法。在面对突发事件和复杂问题时，基层干部要保持冷静、果断应对，及时采取有效措施化解危机。同时，基层干部还要注重学习新知识、新技能，不断提高自身的综合素质和治理能力。

通过展示自身的治理能力，基层干部能够赢得农民群众的信任和尊重。当农民群众看到基层干部具备较强的组织协调能力、决策执行能力和创新应变能力时，他们会更加相信政府能够为他们创造更好的生活环境和发展条件。这种信任和支持将为乡村治理奠定坚实的群众基础，推动乡村社会的持续稳定发展。

4.组织动员的骨干力量

一是宣传发动的先锋。在乡村治理工作中，基层干部扮演着宣传发动的先锋角色。他们深入田间地头、走村入户，与农民群众进行面对面的交流，积极宣传乡村治理的重要意义和相关政策。这种宣传发动的方式，不仅增强了农民群众对乡村治理工作的认知和理解，更为各项工作的开展奠定了坚实的思想基础。

为了将乡村治理的理念深入人心，基层干部采用了多种宣传形式。他们利用广播、标语、宣传栏等传播媒介，广泛传播乡村治理的理念和目标。通

过这些宣传手段，基层干部成功地将乡村治理的重要性和必要性传达给每一位农民群众，激发了他们的参与热情和积极性。

在宣传发动的过程中，基层干部还注重与农民群众的互动和交流。他们耐心倾听农民群众的意见和建议，积极解答他们的疑惑和困难。这种互动式的宣传方式，不仅增强了农民群众对乡村治理工作的信任和支持，更为基层干部提供了宝贵的反馈和建议，有助于他们更好地改进工作方法和策略。

通过宣传发动，基层干部成功地将乡村治理的理念深入人心。农民群众对乡村治理工作的认知和理解得到了显著提升，他们的参与热情和积极性也被充分激发出来。这种良好的宣传效果，为乡村治理各项工作的开展奠定了坚实的群众基础，推动了乡村治理工作的顺利开展。

二是组织引导的能手。在乡村治理工作中，基层干部是组织引导的能手。他们凭借对农村情况的深入了解和对农民心理的精准把握，善于引导和组织农民群众参与到各项工作中来。这种能力不仅有助于推动乡村治理的顺利开展，更能有效地汇聚农民群众的力量和智慧。

具体来说，基层干部会根据农民群众的实际需求和意愿，制定出切实可行的工作计划和方案。他们通过走访农户、召开座谈会等方式，深入了解农民群众的需求和关切，确保工作计划和方案能够真正反映农民群众的意愿和利益。

在制定好工作计划和方案后，基层干部会积极动员农民群众参与到各项工作中来。他们利用自身的影响力和号召力，组织农民群众投身到环境卫生整治、公共设施建设、文化活动开展等各项工作中。通过具体的行动和实践，基层干部成功地引导农民群众认识到自身在乡村治理中的主体地位和作用，激发了他们的积极性和创造力。

在组织引导的过程中，基层干部还注重发挥农民群众的智慧和力量。他们鼓励农民群众提出自己的意见和建议，积极参与到决策和执行过程中来。这种参与式的治理模式不仅增强了农民群众的获得感和满足感，更为乡村治理注入了新的活力和动力。

三是骨干带头作用的发挥。在乡村治理的实践中，基层干部始终发挥着骨干带头作用，他们以身作则、率先垂范，成为农民群众的榜样和引领者。无论是在推进环境卫生整治、公共设施建设，还是组织文化活动等方面，基层干部都冲锋在前，以实际行动展现了自己的责任和担当。

在环境卫生整治工作中，基层干部常常挥汗如雨，身先士卒。他们不仅参与制定整治方案，更是亲自带头清理垃圾、整治环境。他们的身影活跃在每一个整治现场，用实际行动引导农民群众养成良好的卫生习惯，共同维护乡村环境的整洁和美丽。

在公共设施建设中，基层干部同样忙碌奔波，不辞辛劳。他们积极参与规划、设计和施工等各个环节，确保公共设施的建设符合农民群众的实际需求。他们的脚步遍布在乡村的每一个角落，为乡村基础设施的完善和提升贡献着自己的力量。

在文化活动开展中，基层干部的热情洋溢、充满活力。他们积极策划和组织各种文化活动，丰富农民群众的精神文化生活。他们的笑容和热情感染着每一个参与者，让农民群众在欢乐的氛围中感受到乡村文化的魅力和活力。

基层干部的骨干带头作用不仅体现在他们的实际行动上，更在于他们为农民群众树立的良好榜样。他们的行为激励着农民群众积极参与到乡村治理中来，共同为实现乡村治理的目标任务而努力奋斗。这种骨干带头作用对于推动乡村治理工作的顺利开展、提升乡村社会的整体发展水平具有重要意义。

三、探讨如何更好承担任务推动治理现代化

为了更好地肩负起乡村治理的重任，并推动治理现代化，基层干部需要从多个维度进行努力，具体包括但不限于以下几个方面：

1. 加强学习，提升自身素质

在推动乡村治理现代化的进程中，基层干部扮演着举足轻重的角色。为

了更好地承担这一任务，他们需不断加强学习，提升自身素质，以适应新时代乡村治理的需求。

首先，系统学习党的理论和路线方针政策是基层干部的首要任务。通过深入学习党的理论和路线方针政策，基层干部能够更准确地把握党的指导思想和国家发展战略，确保在乡村治理工作中始终与党中央保持高度一致。这种学习不仅有助于提升基层干部的政治觉悟和思想认识，还能为他们在实际工作中提供科学的理论指导和行动指南。

其次，深入理解乡村振兴和乡村治理的战略意义和目标要求也是至关重要的。乡村振兴和乡村治理是当前国家发展的重要战略，基层干部必须深刻领会其内涵和实质，明确工作方向和目标任务。只有这样，他们才能更好地服务农民群众，推动乡村经济社会的全面发展和进步。

最后，广泛涉猎法律法规、市场经济、农业科技等相关知识也是基层干部提升自身素质的重要途径。乡村治理工作涉及多个领域和方面，需要基层干部具备广泛的知识储备和多元化的能力结构。通过学习法律法规，他们能够增强法治意识，提高依法行政的能力；通过学习市场经济知识，他们能够更好地把握市场规律，引导农民群众发展生产、增加收入；通过学习农业科技知识，他们能够为农民群众提供科学的种植养殖建议和技术支持，推动农业现代化进程。

2. 深入调研，精准施策

在推动乡村治理现代化的过程中，深入调研并精准施策是基层干部不可或缺的工作方法。通过实地走访、与农民群众交流，基层干部能够更全面、深入地了解农村的实际状况，进而制定更为贴切、有效的治理措施。

深入调研是获取农村真实情况的有效途径。基层干部需要定期走入田间地头、农户家中，与农民群众进行面对面的沟通。这种直接的交流方式有助于基层干部深入了解农民的生产生活状况、收入水平、教育医疗需求以及他们对乡村治理的期望和建议。通过收集这些第一手资料，基层干部可以更加准确地把握农村社会的现状，包括存在的热点问题、难点问题和农民最关心的问题。

精准施策是提升乡村治理效果的关键。在深入调研的基础上，基层干部需要对收集到的信息进行细致的分析和研判，识别出农村发展的主要矛盾和关键问题。然后，根据这些实际情况，制定具有针对性的治理措施。这些措施应既符合国家政策导向，又能切实解决农民群众的实际问题，从而推动乡村社会的和谐稳定发展。

此外，关注农村发展的新动态、新趋势也是基层干部的重要职责。随着时代的变迁和社会的进步，农村发展面临着新的机遇和挑战。基层干部需要保持敏锐的洞察力，及时捕捉这些新变化，并根据实际情况调整工作策略和方法。这样，乡村治理工作才能始终与农村发展保持同步，不断满足农民群众对美好生活的向往和追求。

3. 激发群众参与，凝聚治理合力

在推动乡村治理现代化的进程中，农民群众的积极参与是至关重要的。他们的主体地位和作用不容忽视，因此，基层干部需要采取多种方式激发群众的参与热情，进而凝聚起强大的治理合力。

首先，尊重农民的主体地位是激发群众参与的前提。基层干部应深刻认识到农民是乡村治理的主体，他们拥有对本地事务的知情权和参与权。在工作中，基层干部应充分尊重农民的意愿和选择，避免替民做主或强加于人，而是要通过协商、引导等方式，调动农民群众的积极性和主动性。

其次，宣传教育在激发群众参与中发挥着重要作用。基层干部应利用广播、电视、网络等多种渠道，广泛宣传乡村治理的意义、目标和政策，提高农民群众对乡村治理的认知度和认同感。同时，他们还可以结合农村实际，开展形式多样的宣传教育活动，如文艺演出、知识竞赛等，让农民群众在轻松愉快的氛围中了解乡村治理、支持乡村治理。

再次，示范引领也是激发群众参与的有效途径。基层干部应以身作则，成为农民群众身边的榜样。他们可以通过自身的言行举止、工作成效等方面，展示乡村治理的重要性和成果，引导农民群众自觉投身到乡村治理中来。同

时，基层干部还应积极发现和培育农村中的先进典型，通过他们的示范带动作用，引领更多农民群众参与到乡村治理中来。

最后，建立健全农民参与机制是保障群众参与的关键。基层干部应推动建立完善的村民自治制度、民主决策制度、村务公开制度等，为农民群众提供表达诉求、参与决策、监督管理的平台和渠道。通过这些机制的建立和实施，农民群众的知情权、参与权、表达权和监督权将得到充分保障，他们的积极性和创造性也将得到进一步发挥。

4. 强化协调沟通，形成工作联动

乡村治理是一个系统性的工程，涉及多个层面和多个部门的共同参与。为了实现乡村治理的高效运转，基层干部需要注重强化协调沟通，促进各方之间的紧密合作，形成工作联动的良好局面。

首先，基层干部应主动加强与相关部门的沟通协调。乡村治理工作往往涉及农业、林业、水利、环保、教育、卫生等多个部门，这些部门在各自领域内拥有专业优势和资源。基层干部需要积极与这些部门进行对接，明确各自职责和任务分工，共同制定工作计划和实施方案。通过定期召开协调会议、建立信息共享平台等方式，确保各方能够及时掌握工作进展、交流经验做法，形成协同作战的强大合力。

其次，基层干部还应注重发挥村级组织、社会组织、企业等多元主体的作用。乡村治理不仅仅是政府部门的责任，更需要全社会的共同参与。基层干部应积极引导和支持村级组织发挥自治作用，通过制定村规民约、开展村民议事等方式，增强村民的自我管理和自我服务能力。同时，还应鼓励和支持社会组织、企业等力量参与乡村治理工作，发挥其在资金、技术、人才等方面的优势，为乡村振兴贡献力量。

最后，为了形成工作联动的良好局面，基层干部还需要注重建立长效机制。乡村治理工作具有长期性和复杂性，需要持续不断地推进和完善。基层干部应推动建立定期评估机制，对乡村治理工作进行全面评估和总结，及时发现问题和不足，提出改进措施和建议。同时，还应加强监督检查和考核激励，确保各项工作落到实处、取得实效。

5.总结经验教训，持续创新提升

乡村治理工作，因其长期性、复杂性和系统性的特点，要求我们在实践中不断总结经验教训，并持续创新提升工作方法和策略。只有这样，我们才能确保乡村治理工作的连续性和有效性，为农村地区的可持续发展奠定坚实基础。

在乡村治理的实践中，我们经常会面临各种挑战和困难。为了应对这些挑战，基层干部需要定期回顾和评估乡村治理工作的成效和不足。这种回顾和评估不仅可以帮助我们及时发现存在的问题，还能为我们提供改进工作的方向和思路。通过深入分析问题的原因，我们可以更加准确地找到问题的症结所在，从而提出针对性的改进措施和建议。

此外，保持开放的心态和创新的思维对于乡村治理工作的持续创新提升至关重要。基层干部应积极关注和学习其他地区的成功经验和做法，不断拓宽自己的视野和知识面。在借鉴他人经验的基础上，我们还需要结合本地的实际情况进行消化吸收和再创新。这样，我们才能真正将外来的好经验、好做法转化为适合本地实际的有效措施，推动乡村治理工作不断迈上新台阶。

同时，我们也要认识到，创新并不是一蹴而就的过程。在创新的过程中，我们可能会遇到新的困难和挑战。但是，只要我们保持勇于探索、敢于尝试的精神，不断总结经验教训，我们就一定能够在乡村治理的道路上越走越远、越走越稳。

第四章 农村基层干部素质要求

第一节 政治第一，过硬的政治素质是根本

一、强调政治素质的核心地位

1. 坚定的政治立场

在乡村治理体系中，农村基层干部扮演着举足轻重的角色。他们的政治素质直接关系到党的路线、方针和政策能否在基层得到切实贯彻执行，进而影响到整个乡村治理的成效。因此，强调政治素质在农村基层干部素质要求中的核心地位，是确保基层工作沿着正确方向前进的关键。

坚定的政治立场是农村基层干部政治素质的首要表现。它要求基层干部在思想上、行动上与党中央保持高度一致，始终坚守党的政治原则，不折不扣地贯彻执行党的各项决策部署。在面对复杂多变的农村工作环境时，基层干部必须保持清醒的头脑，具备敏锐的政治洞察力，能够准确识别并坚决抵制各种错误思潮的侵蚀。

这种坚定的政治立场，不仅是对基层干部个人的基本要求，更是对整个基层工作团队的根本要求。只有确保整个团队在政治上始终保持高度一致，才能形成强大的工作合力，共同推动乡村治理各项任务的落实。

在实际工作中，农村基层干部要不断加强政治学习，提高自身的政治素养。通过系统学习党的理论和路线方针政策，深入了解党的历史使命和当前工作任务，不断增强政治认同感和使命感。同时，还要注重在实践中锤炼自

己的政治立场，面对各种复杂情况和诱惑时，始终坚守初心、不改本色。

2. 忠诚于党的事业

忠诚于党的事业，对于农村基层干部而言，是一种深植内心的信仰和坚不可摧的精神支柱。它不仅仅是对党的理论和路线的简单认同，更是一种对党的事业全身心投入和无私奉献的精神状态。

首先，忠诚于党的事业意味着基层干部要深刻理解党的宗旨和使命。党的宗旨是全心全意为人民服务，这是党的根本性质和任务所决定的。基层干部必须时刻牢记这一宗旨，将其贯穿于自己的全部工作和生活中。同时，他们还要深刻理解党在各个历史时期的奋斗目标，以及当前的工作任务和要求，确保自己的工作始终与党的事业同步前进。

其次，忠诚于党的事业要求基层干部将个人理想与党的事业紧密结合起来。个人的理想和价值追求应该与党的事业相一致，将个人的发展融入党的事业中，通过为党的事业贡献自己的力量来实现个人价值。这种结合不仅体现了基层干部对党的忠诚，也体现了他们对自己人生价值的正确认识和追求。

最后，忠诚于党的事业需要基层干部以实际行动来践行。他们要在工作中勇于担当、敢于负责，时刻以党的事业为重，为党的事业贡献自己的力量。这种实际行动不仅体现在日常工作中对党的路线方针政策的贯彻执行上，更体现在面对困难和挑战时的勇往直前和无私奉献上。

3. 全心全意为人民服务

全心全意为人民服务，不仅是党的根本宗旨，也是农村基层干部政治素质的根本要求。这一要求强调了基层干部工作的出发点和落脚点都必须是人民群众的利益，体现了以人民为中心的发展思想。

首先，牢固树立以人民为中心的思想是基层干部的基本职责。这意味着，基层干部在思考问题和开展工作时，必须始终站在人民群众的立场上，将人民的利益作为最高准则。他们的工作不仅要符合党的政策和国家法律法规，更要满足人民群众的实际需求，切实为人民谋福利、解难题。

其次，为了更好地服务人民，基层干部需要深入群众、了解群众、关心群众。这要求基层干部走出办公室，深入田间地头、农户家中，与群众面对面交流，倾听他们的声音，了解他们的诉求。通过这种方式，基层干部能够更准确地把握群众的需求和期望，为制定更符合实际的政策和工作方案提供有力依据。

再次，与群众建立深厚的感情也是基层干部全心全意为人民服务的重要体现。这种感情基础能够帮助基层干部更好地理解和关心群众，增强工作的针对性和实效性。同时，它也能够促进基层干部与群众之间的互信和合作，为顺利开展工作创造良好条件。

最后，成为人民的公仆和贴心人是基层干部全心全意为人民服务的最终目标。这要求基层干部在工作中始终保持谦虚、谨慎、不骄、不躁的作风，真正将人民群众当作自己的亲人来对待。无论是在制定政策、实施项目，还是在处理矛盾、解决问题时，基层干部都应该以人民群众的利益为重，用心用情用力做好每一项工作。

二、分析应具备的政治觉悟和政治能力

1. 深刻的政治觉悟

政治觉悟是基层干部对党的理论和政策的深入领会与透彻理解。它要求基层干部不断增进对党的路线、方针和政策的认识，确保在实际工作中能够准确贯彻党的精神和要求。具体表现为以下三个方面：

（1）敏锐的政治眼光

敏锐的政治眼光是基层干部不可或缺的重要素质。这种眼光能够帮助他们及时发现和分析政治形势的变化，为科学决策提供有力支撑。具备敏锐政治眼光的基层干部，通常能够在复杂多变的政治环境中保持清醒的头脑，做出正确的判断和选择。

为了培养敏锐的政治眼光，基层干部需要通过深入学习和实践，不断提

升自己的政治敏锐性和鉴别力。他们可以关注党的政策方向，了解国内外政治形势的发展动态，积极参与政治讨论和研究，从而增强对政治形势变化的感知和理解能力。

在实际工作中，敏锐的政治眼光能够帮助基层干部准确把握党的政策方向，将党的决策部署贯彻落实到具体工作中。他们能够根据政治形势的变化，及时调整工作思路和方法，确保工作始终与党的政策保持高度一致。这种敏锐性和灵活性对于推动基层工作的顺利开展具有重要意义。

此外，敏锐的政治眼光还有助于基层干部在处理复杂问题时保持清醒的头脑。他们能够从政治角度出发，全面分析问题的本质和影响，制定出科学合理的解决方案。这种能力对于维护基层稳定、促进社会和谐具有重要意义。

（2）坚定的政治立场

坚定的政治立场是基层干部的核心素质之一，它体现了基层干部的政治觉悟和忠诚。在实际工作中，这种立场为基层干部提供了明确的指引和稳固的支撑，使他们能够始终沿着正确的政治方向前进。

首先，坚定的政治立场意味着基层干部必须始终与党中央保持高度一致。他们应深入学习和理解党的理论和路线方针政策，确保自己的思想和行动始终与党中央的决策部署相统一。这种一致性不仅体现在政治原则上，还贯穿于基层工作的各个方面和环节。

其次，基层干部要坚决维护党的集中统一领导。他们应在实际工作中积极贯彻落实党的决策部署，确保各项工作始终在党的领导下有序进行。在面对复杂多变的情况和问题时，基层干部应始终保持清醒的头脑，坚守党的政治原则，不为任何错误思潮所动摇。

最后，坚定的政治立场也是基层干部履行职责、服务人民的重要保证。只有具备了坚定的政治立场，基层干部才能在实际工作中始终坚持人民至上的原则，把人民的利益放在首位，全心全意为人民服务。这种立场使基层干部能够始终保持与人民群众的密切联系，深入了解人民的需求和期望，积极解决人民的实际问题。

（3）高度的政治责任感

高度的政治责任感是基层干部履行职责、推动工作发展的核心动力。他们深知自身工作的重要性和使命性，明白自己的工作直接关系到党的路线、方针和政策在基层的贯彻执行，关系到广大人民群众的切身利益。因此，基层干部始终以高度的政治责任感投入到工作中去，为党和人民的事业贡献力量。

基层干部要始终保持对党和人民事业的忠诚和热爱。他们深知，只有忠诚于党和人民，才能始终坚守初心，不忘使命，为党和人民的事业不懈奋斗。这种忠诚和热爱是基层干部履行职责、推动工作发展的内在动力。

在实际工作中，高度的政治责任感使基层干部能够时刻保持清醒的头脑，正确处理各种复杂问题。他们始终以党和人民的利益为重，坚持原则，秉公办事，不徇私情，确保各项工作始终沿着正确的政治方向前进。

同时，高度的政治责任感也促使基层干部不断提升自身素质和能力。他们深知，只有具备过硬的专业知识和业务能力，才能更好地履行职责，为党和人民的事业做出更大的贡献。因此，基层干部始终保持学习的热情，不断更新知识结构，提高业务水平，以更好地适应新时代的工作要求。

2. 全面的政治能力

政治能力是基层干部在实际工作中，运用政治知识和政治技能解决问题的能力。这是确保党的理论和政策在基层得到有效贯彻的重要保障。具体包括以下三个方面：

（1）政治鉴别力

政治鉴别力，作为基层干部的核心政治能力，要求他们在纷繁复杂的政治现象和问题中，能迅速、准确地洞察其内在本质和潜在影响。这种能力并非一蹴而就，而是建立在深厚的政治知识储备和敏锐的观察力基础之上。

具体来说，政治鉴别力要求基层干部能够透过表面的政治现象，深入剖析其背后的本质原因和动机。这需要他们具备丰富的政治理论知识和实践经验，以便在面对各种问题时能够迅速做出准确判断。同时，敏锐的观察力也是政治鉴别力的重要组成部分，它帮助基层干部及时捕捉到政治形势的微妙变化，为科学决策提供有力支撑。

在实际工作中，政治鉴别力的高低直接关系到基层干部处理问题的方式和效果。一个具备高度政治鉴别力的基层干部，能够在复杂多变的政治环境中保持清醒的头脑，迅速识别出问题的关键所在，并制定出切实可行的解决方案。相反，如果缺乏政治鉴别力，就可能在纷繁复杂的政治现象中迷失方向，甚至做出错误的决策。

因此，提升政治鉴别力是基层干部政治能力建设的重要任务之一。通过加强政治理论学习、积累实践经验、提高观察力等方式，基层干部可以不断提升自己的政治鉴别力，为确保工作方向正确、行动有效提供有力保障。同时，这也需要组织上的支持和引导，为基层干部提供必要的培训和实践机会，帮助他们更好地履行职责、服务人民。

（2）政治执行力

政治执行力，这是基层干部将党的理论和政策转化为实际行动的关键能力。它要求基层干部在工作中坚决贯彻执行党的路线、方针和政策，不打折扣、不搞变通，确保党的决策部署在基层得到有效落实。

具体来说，政治执行力强的基层干部，能够准确理解和把握党的理论和政策的核心要义，将其转化为具体的工作措施和行动计划。他们具备强大的组织实施能力，能够协调各方资源，调动各方面的积极性，形成工作合力，共同推动目标的实现。同时，他们还具备出色的沟通协调能力，能够与上级、同事和群众保持密切联系，及时传达党的声音，反馈基层情况，为科学决策提供有力支撑。

政治执行力是检验基层干部政治素质和工作能力的重要标准。一个具备高度政治执行力的基层干部，能够在工作中始终保持正确的政治方向，坚决贯彻执行党的决策部署，确保各项工作得到有效落实。他们的行动与党的理论和政策保持高度一致，为党的路线、方针和政策在基层的贯彻落实提供了有力保障。

因此，提升政治执行力是基层干部队伍建设的重要任务之一。通过加强理论学习、实践锻炼和能力培养等方式，基层干部可以不断提升自己的政治执行力，为党和人民的事业做出更大的贡献。同时，这也需要党组织的关心和支持，为基层干部提供必要的培训和实践机会，帮助他们更好地履行职责、服务人民。

（3）群众工作能力

群众工作能力，这是基层干部不可或缺的一项核心技能。它要求基层干部深入群众之中，全面了解群众的需求和期望，与群众建立起真挚的感情联系，并有效解决群众所面临的实际问题。

要具备这一能力，首先，基层干部必须树立牢固的群众观念，时刻将群众的利益放在首位，用心倾听群众的声音，积极回应群众的关切。其次，他们需要掌握一套行之有效的群众工作方法，能够针对不同群体、不同问题，采取灵活多样的措施，确保工作取得实效。

在实际工作中，群众工作能力的强弱直接影响到基层干部与群众关系的亲疏以及各项工作的推进顺利与否。一位具备高度群众工作能力的基层干部，不仅能够迅速融入群众，赢得群众的信任和支持，更能够有效调动群众的积极性、创造性，共同推动各项工作的开展。

因此，提升群众工作能力是基层干部队伍建设的重要一环。通过加强培训、实践锻炼以及经验交流等方式，基层干部可以不断提升自己在群众工作中的能力和水平，为更好地服务群众、推动工作奠定坚实的基础。同时，这也需要基层干部自身的不断努力和追求，始终保持对群众的深厚感情，用情用心用力做好群众工作，让群众真正感受到党的温暖和关怀。

三、探讨培养和提升政治素质的途径

对于农村基层干部而言，培养和提升政治素质是一项长期而系统的任务。以下途径可供参考，以帮助基层干部在政治素质上实现持续提升：

1. 加强理论学习，夯实政治基础

加强理论学习，夯实政治基础

理论学习对于提升基层干部的政治素质具有至关重要的作用。通过深入学习党的创新理论和路线方针政策，基层干部能够不断夯实自己的政治基础，提高对党的理论和政策的理解与把握能力。

为了实现这一目标，基层干部应当积极参与系统学习、专题研讨等活动，全面、深入地学习党的理论和政策。在学习过程中，要注重理论联系实际，将所学知识与农村实际工作紧密结合，以便更好地运用理论指导实践。

同时，基层干部还应当注重学习方法的改进和学习效果的提升。可以通过制定详细的学习计划、参加学习小组、定期交流学习心得等方式，提高学习效率和效果。此外，还可以利用现代信息技术手段，如在线学习平台、微信公众号等，拓宽学习渠道，丰富学习内容。

2. 注重实践锻炼，提升政治能力

实践锻炼对于提升基层干部的政治能力至关重要。通过积极参与农村实际工作，基层干部能够接触到各种各样的问题和困难，从而在实践中不断锤炼自己的政治敏锐性政治执行力。

在处理具体问题时，基层干部需要学会从政治角度出发，深入分析问题的本质和影响，以便做出正确的决策。同时，他们还需要增强政治意识和大局意识，时刻关注政治形势的变化，确保自己的工作始终与党的路线、方针和政策保持一致。

在解决实际困难时，基层干部要勇于担当，积极寻求有效的解决方案。通过与群众沟通交流、协调各方资源等方式，不断提高自己解决实际问题的能力。这种实践锻炼不仅能够帮助基层干部更好地履行职责，还能够增强他们的群众观念和群众工作能力。

3. 加强党性教育，坚定政治立场

党性教育是确保基层干部始终坚守正确政治方向的关键环节。通过参与主题党日活动、学习先进典型事迹等多种方式，基层干部能够不断深化对党

的理论和政策的理解，从而更加坚定地拥护党的领导，增强党性观念。

在活动中，基层干部应当积极投入，深入体验党的优良传统和作风，感悟先进典型的高尚品质，以此激发自身的责任感和使命感。同时，要时刻保持清醒的头脑，对不良风气和腐败现象保持高度警惕，坚决抵制各种诱惑和侵蚀。

为了做到清正廉洁、为民务实，基层干部还需在日常工作中不断加强自我监督和他人监督，确保自己的言行始终符合党的要求。通过持续加强党性教育，基层干部能够筑牢思想防线，坚守政治立场，为党和人民的事业贡献自己的力量。

第二节　文化优先，厚实的文化素质是基础

一、文化素质的重要性

1. 文化素质与党的政策理解执行

党的政策是国家治理的重要工具，而文化素质则是理解和执行这些政策的基础。对于基层干部来说，深厚的文化素质能够帮助他们更准确地把握党的政策精神，确保政策在基层得到正确、有效的执行。

具体来说，文化素质高的基层干部能够深入理解党的政策背后的文化传统和价值观念，从而更好地把握政策的内涵和目的。这种深入理解不仅有助于他们准确传达政策精神，还能够根据基层实际情况，灵活调整执行策略，确保政策效果最大化。

此外，文化素质还有助于基层干部增强对党的认同感和归属感。通过学习和了解党的历史、文化和价值观，他们能够更深刻地认识到党的伟大和光荣，从而更加坚定地拥护党的领导，积极投身到党的各项工作中去。

因此，文化素质对于基层干部来说至关重要。只有具备了深厚的文化素

质，他们才能更好地理解和执行党的政策，为基层治理和发展贡献自己的力量。

2. 文化素质与工作能力提升

文化素质对于基层干部的工作能力提升有着重要的促进作用。具体而言，它可以体现在以下几个方面：

首先，文化素质的提升有助于基层干部更敏锐地观察社会现象。通过广泛涉猎各类文化知识和深入了解社会历史背景，基层干部能够对社会现象形成更为全面、深入的认识，从而更加准确地把握问题的本质和症结所在。

其次，文化素质的提升能够增强基层干部的问题分析能力。在面对复杂多变的社会问题时，基层干部需要运用所学的文化知识进行深入分析，挖掘问题背后的深层次原因，为制定科学合理的解决方案提供有力支撑。

最后，文化素质的提升还有助于激发基层干部的创新意识。随着时代的发展和社会的进步，农村基层工作面临着许多新情况、新问题和新挑战。基层干部需要具备创新意识和创新能力，不断探索新的工作方法和手段，以更好地适应和满足农村基层工作的实际需求。而文化素质的提升则能够为基层干部提供更为广阔的思维空间和灵感来源，为创新工作打下坚实基础。

3. 文化素质与群众认同凝聚力

在农村基层工作中，服务群众是核心任务，而群众的认同和凝聚力则是衡量工作成功与否的关键指标。基层干部的文化素质在这一过程中发挥着不可或缺的作用。

一方面，文化素质较高的基层干部通常更擅长运用贴近群众的语言和方式进行沟通交流。他们能够深入了解群众的需求和期望，用群众喜闻乐见的方式传达政策和信息，从而与群众建立起紧密的情感联系。这种联系不仅能够提升群众对基层干部的信任度，还有助于增强群众对党和政府的认同感。

另一方面，基层干部通过推动农村文化建设来进一步提升群众认同凝聚力。他们积极组织文化活动，弘扬乡村优秀传统文化，引导群众树立正确的价值观念，提高乡村社会的文明程度。这些努力不仅能够丰富群众的精神生

活，还能够增强群众对乡村振兴的责任感和使命感。当群众看到基层干部真心实意地为他们谋幸福、谋发展时，他们自然会更加信任和支持党和政府的工作。

因此，基层干部的文化素质对于提升群众认同凝聚力具有重要意义。通过不断提高自身的文化素质，基层干部能够更好地服务群众、赢得群众的信任和支持，为乡村振兴贡献自己的力量。

二、分析应具备的文化知识和文化素养

1. 扎实的文化知识基础

（1）基层干部需要掌握的基础学科知识主要包括语文、历史和法律。

第一，语文知识。语文知识对于基层干部来说至关重要。它是理解和表达的基础，更是准确传达党的政策、撰写工作报告的必备能力。通过系统的语文学习，基层干部能够提升阅读理解能力，确保在解读政策文件、法律法规时能够准确把握其精神实质和核心要义。同时，良好的文字表达能力也有助于他们更好地撰写工作报告、总结经验，准确反映群众意愿和诉求。因此，基层干部应该注重语文知识的积累和运用，不断提高自己的语文素养。

第二，历史知识。了解国家的历史发展进程、文化传统和重大历史事件，对于基层干部来说同样重要。历史知识能够帮助他们深刻理解国家的发展脉络和民族精神，从而更好地传承和弘扬优秀传统文化。在工作中，基层干部可以通过引用历史故事、阐释传统文化等方式，引导群众树立正确的历史观、文化观，增强民族自豪感和凝聚力。同时，历史知识也有助于基层干部更好地了解当地的风土人情和历史文化，为开展工作提供有益参考。

第三，依法办事、维护群众权益是基层干部的基本职责。因此，他们需要熟悉相关的法律法规，了解法律原则和法律精神。在工作中，基层干部应该始终坚持以人民为中心的思想，严格依法行事，维护社会公平正义。他们可以通过参加法律知识培训、阅读法律书籍等方式，不断提高自己的法律素

养和依法办事能力。同时，基层干部还应该积极向群众宣传法律知识，提高他们的法治意识和依法维权能力。

（2）农业、经济和管理是农村发展中不可或缺的三个方面，基层干部要想更好地服务农村，推动乡村振兴，必须深入了解和掌握这三个方面的专业知识。

第一，农业知识是基础。农业生产是农村经济的支柱，基层干部需要了解农业生产的基本知识和技术。这包括作物种植、土壤改良、病虫害防治以及农业机械化等方面的内容。通过掌握这些知识，基层干部能够为农民提供科学的种植建议和技术指导，帮助他们提高农业生产效率，增加农产品产量和质量。同时，基层干部还应关注农业科技创新和现代农业发展趋势，积极引导农民转变观念，推动农业生产方式的转型升级。

第二，经济知识是指导。农村经济的发展是推动乡村振兴的关键。基层干部需要了解市场经济的基本原理和运行规律，掌握农村经济政策和发展战略。他们应该熟悉农村产业结构、市场需求以及农产品价格走势等信息，为农民提供合理的经济建议和市场分析。同时，基层干部还应积极引导和扶持农村新型经营主体的发展，推动农村产业融合和农业现代化进程，促进农村经济的持续健康发展。

第三。管理知识是保障。提高农村基层治理水平是推动乡村振兴的重要保障。基层干部需要掌握基本的管理理论和方法，了解组织行为学、人力资源管理以及公共管理等方面的知识。通过运用这些知识，基层干部能够优化管理流程、提高工作效率，推动农村基层治理水平的提升。同时，他们还应注重团队建设和人员培训，提高基层组织的执行力和凝聚力，为农村发展提供良好的组织保障和人才支持。

2. 良好的文化素养

基层干部的文化品位和欣赏力是他们工作中的重要资产。具备较高的文化品位，意味着他们能够辨识那些具有深刻内涵和高度艺术价值的文化作品。这种能力不仅有助于他们个人素养的提升，更能对群众产生积极的引导

作用。

优秀的文化作品往往蕴含着丰富的历史底蕴、深刻的道德哲理和崇高的审美追求。通过欣赏这些作品，基层干部可以深化对传统文化的理解，提升对现代文化的认知，从而在工作中更好地传承和弘扬优秀文化。同时，他们也能借此拓宽视野，了解不同地域、不同民族的文化特色，为农村基层的文化建设注入更多元、更鲜活的元素。

进一步来说，基层干部的文化品位和欣赏力也是他们与群众沟通交流的重要桥梁。在推荐文化作品、组织文化活动时，他们的选择和品味将直接影响群众的参与热情和认同程度。因此，提升文化品位和欣赏力，不仅是基层干部个人成长的需要，更是他们履行职责、服务群众的重要保障。

基层干部的思想道德和礼仪规范，是他们在工作中必须坚守的底线。作为党和政府的代表，他们的言行举止直接影响着群众对党和政府的看法和信任度。

高尚的思想道德品质是基层干部立身之本。他们必须坚定理想信念，忠诚于党和人民的事业；必须秉持公正廉洁的原则，做到清正廉洁、为民务实；必须尊重群众的意愿和权益，全心全意为人民服务。这些品质不仅是他们履行职责的基本要求，更是他们赢得群众信任和支持的关键所在。

良好的礼仪规范则是基层干部形象的重要体现。在工作中，他们必须注重仪表仪态、言谈举止等方面的细节问题。无论是接待群众来访、参加会议活动，还是深入田间地头与群众交流，他们都应该以得体的着装、和蔼的态度、规范的语言来展现自己的专业素养和良好形象。这样不仅能够提升群众对他们的认同感和亲切感，也有助于推动农村基层工作的顺利开展。

三、探讨提升文化素质的方法

1. 加强教育培训，提供全面学习机会

加强教育培训是提升基层干部文化素质的关键措施。为了确保基层干部

能够全面、系统地学习，可以定期举办各类文化知识讲座和培训班。这些活动不仅应该覆盖文学、历史、哲学和艺术等多个学科领域，以便拓宽基层干部的知识视野，还应着重提升他们的审美能力和思辨能力。通过这样的教育培训，基层干部可以更好地理解和欣赏优秀的文化作品，从而在工作和生活中展现出更高的文化素养。

同时，教育培训的内容还应紧密结合农村基层工作的实际情况。针对农村发展中遇到的具体问题和挑战，可以开展一系列具有针对性的业务培训。这些培训可以涵盖农业技术、农村经济、乡村治理等方面，旨在提升基层干部的专业素养和工作能力。通过这样的培训，基层干部将更加熟悉农村工作，能够更好地为农民提供科学指导和服务，推动农村各项事业的蓬勃发展。

此外，为了确保教育培训的效果，还可以采用多种灵活多样的教学方式，如案例分析、角色扮演、小组讨论等。这些方法不仅可以激发基层干部的学习兴趣，还能帮助他们在实际操作中更好地运用所学知识。同时，还可以邀请相关领域的专家学者或经验丰富的基层干部进行授课，分享他们的实践经验和心得体会，为基层干部提供宝贵的借鉴和启示。

2. 注重实践积累，丰富文化体验

实践是提升文化素质的不可或缺的途径，它不仅能够检验理论知识的真实性，更能让基层干部在亲身体验中深化对文化的理解。在日常工作中，鼓励基层干部广泛阅读，包括书籍、报刊等，以关注时事热点、了解社会动态，从而不断积累知识和经验。这样的阅读习惯有助于他们形成全面、深入的文化认知，为提升文化素质打下坚实的基础。

此外，积极参与文化活动也是提升文化素质的重要方式。通过参观博物馆、图书馆等文化场所，基层干部可以亲身感受文化的魅力，了解历史的厚重，从而加深对传统文化的认同和尊重。同时，欣赏音乐会、戏剧等艺术表演则能提升他们的审美情趣和艺术修养，使他们在工作和生活中更具文化底蕴。

这些实践活动不仅能丰富基层干部的文化体验，还能帮助他们在实践中

学习和领悟文化的真谛。通过不断的实践积累,基层干部的文化素质将得到显著提升,为更好地服务群众、推动农村发展奠定坚实的文化基础。同时,这种实践积累的方式也有助于培养基层干部终身学习的习惯,使他们在不断的学习和实践中持续提升自身的文化素质。

3. 加强文化交流与合作,拓宽文化视野

文化交流与合作在提升基层干部文化素质方面扮演着举足轻重的角色。通过精心组织基层干部参与各类文化交流活动,如文化沙龙、研讨会等,可以有力推动不同地域、不同文化背景的知识与观念相互碰撞、融合。这样的交流不仅有助于拓宽基层干部的视野,使他们能够接触到更多元化的文化观念,还能激发他们的创新思维,为农村发展注入新的活力。

与此同时,强化与其他地区、部门的文化合作也至关重要。通过携手开展各类文化项目,共同挖掘和传承优秀传统文化,推动文化资源的共享与互利共赢,可以为基层干部搭建起更为广阔的学习平台。在这样的合作中,基层干部将有机会接触到更多优秀的文化成果,借鉴其他地区、部门的成功经验,从而不断提升自身的文化素质和工作能力。

值得一提的是,这种文化交流与合作不仅有助于提升基层干部的文化素质,更能为农村文化的繁荣发展注入强劲动力。通过引入更多优秀的文化资源和项目,丰富农村群众的精神文化生活,可以进一步提升农村社会的文明程度,为农村的全面发展奠定坚实基础。

第三节　以德为本,良好的道德素质是保障

一、强调道德素质的基础性作用

在农村基层工作中,道德素质被视为基层干部不可或缺的重要素养,它起着基础性保障作用,具体体现在以下几个方面:

1. 道德素质与维护工作作风

这种道德素质有助于基层干部自觉维护良好的工作作风，坚决抵制腐败现象的侵蚀。他们通过以身作则、廉洁奉公的行为，向群众展示了一个清正廉洁的形象，从而赢得了群众的广泛信任和支持。这种信任和支持是农村基层工作得以顺利开展的重要保障。

进一步来说，基层干部的道德素质还影响着党和政府在群众心目中的形象。作为党和政府的代表，基层干部的一言一行都代表着党和政府的形象。如果基层干部具备高尚的道德素质，就能够为党和政府赢得更多的民心，推动农村基层工作的顺利开展。相反，如果基层干部道德素质低下，就会损害党和政府的形象，阻碍农村基层工作的正常进行。

因此，强调道德素质的基础性作用，提升基层干部的道德素质，是农村基层工作的重要任务之一。只有具备了高尚的道德素质，基层干部才能更好地履行职责、服务群众，为农村的发展贡献自己的力量。

2. 道德素质与个人成长发展

道德素质在基层干部的个人成长和事业发展中起着至关重要的作用。它是塑造基层干部健全人格、形成良好行为习惯的基石，为个人的成长和事业的进步提供坚实的支撑。

具备高尚道德的基层干部，能够坚守正确的价值观，注重自我修养和品德提升。他们深知，一个人的成长和发展不仅仅取决于能力和才华，更取决于道德品质和人格魅力。因此，他们始终将道德素质作为个人成长的核心要素，努力提升自己的道德修养和人格魅力。

这种道德素质使基层干部在面对工作和生活中的挑战时，能够保持积极向上的态度，勇于担当、敢于负责。他们追求真善美，远离假恶丑，以正直、善良、公正的品质赢得他人的尊重和信任。这种信任和尊重不仅为基层干部的个人成长提供了广阔的空间和机遇，也为他们的事业发展奠定了坚实的基础。

同时，道德素质还有助于基层干部形成正确的权力观、地位观和利益观。

他们深知权力来自人民，必须用于服务人民；地位来自奉献，必须用于担当责任；利益来自劳动，必须用于回报社会。这种正确的观念使基层干部能够始终保持清醒的头脑，正确对待权力和地位，妥善处理利益关系，为个人的成长和事业的发展提供有力的保障。

3. 道德素质与社会和谐稳定

在农村基层工作的广阔天地中，基层干部的道德素质对社会和谐稳定的影响不容忽视。具备高尚道德的基层干部，他们深谙公正、诚信、友善等价值观的真谛，并将其融入日常工作中，与群众建立起和谐融洽的关系。

这样的基层干部，他们不仅是政策的执行者，更是群众利益的维护者和矛盾纠纷的化解者。面对农村社会中可能出现的各种矛盾和问题，他们能够以公正的态度、诚信的作风和友善的方式，耐心倾听群众的诉求，积极寻求解决问题的途径。他们的公正无私和诚信友善，赢得了群众的尊重和信任，也为农村社会的和谐稳定奠定了坚实的基础。

同时，基层干部的道德素质还在农村基层治理中发挥着引领作用。他们通过自身的言行举止，向群众传递着崇德向善、诚信友爱的社会风尚。在他们的引领下，农村社会的道德水平得到提升，诚信友爱的社会氛围逐渐形成。这种良好的社会氛围，不仅有助于提升农村基层治理的效能，更为农村社会的全面发展和进步提供了有力的支撑。

因此，我们可以说，基层干部的道德素质是农村社会和谐稳定的重要保障。只有具备了高尚的道德素质，基层干部才能更好地履行职责、服务群众，为农村社会的和谐稳定贡献自己的力量。同时，我们也应该看到，提升基层干部的道德素质是一个长期而艰巨的任务，需要全社会的共同努力和持续推动。

二、分析应具备的道德品质和道德修养

在农村基层工作中，基层干部的道德品质和道德修养至关重要。它们不

仅是基层干部履行职责的基石，也是其个人品质的重要体现。以下是对基层干部应具备的道德品质和道德修养的具体分析：

1. 正直无私，坚守原则

在基层工作中，正直无私、坚守原则是基层干部应当具备的首要道德品质。这种品质要求基层干部在履行职责时，始终保持清醒的头脑，坚守道德底线，不受任何外界因素的干扰和诱惑。

正直无私意味着基层干部在处理事务时，要始终秉持公正、公平、公开的原则，不偏袒任何一方，不徇私情，不谋私利。他们要以事实为依据，以法律为准绳，确保每一项决策和处理结果都能经得起时间和群众的检验。

坚守原则则要求基层干部在面对复杂纷繁的工作环境和各种诱惑时，能够保持坚定的立场和清醒的头脑。他们要有足够的勇气和定力，坚决抵制各种不正之风和腐败现象的侵蚀，始终保持清正廉洁的形象。

这种正直无私、坚守原则的品质是赢得群众信任和支持的关键。只有具备了这种品质，基层干部才能在工作中做到公正无私、秉公办事，才能赢得群众的认可和尊重。同时，这种品质也是基层干部个人成长和事业发展的重要保障，只有坚守原则、不懈追求真理和正义，才能在基层工作中不断取得新的成就和进步。

2. 诚信为本，信守承诺

诚信，作为人类社会的基本道德规范，对于基层干部而言更是不可或缺的品质。在农村基层工作中，诚信是建立良好干群关系、推动工作顺利开展的重要基石。

基层干部要始终将诚信作为行为的准则，无论在工作中还是生活中，都要做到言而有信、行而正直。在面对群众时，他们要坦诚相待，说实话、办实事，不夸大其词、不弄虚作假。这种坦诚和真实的态度，能够赢得群众的信任和尊重，为农村基层工作的顺利开展奠定坚实的基础。

同时，诚信还要求基层干部在处理问题时，能够信守承诺、言行一致。他们一旦做出承诺，就要尽全力去实现，不欺骗、不隐瞒。这种对承诺的坚

守和对责任的担当，不仅体现了基层干部的职业素养和道德风貌，更树立了他们在群众心目中的良好形象和信誉。

此外，诚信的品质还有助于提升基层干部的工作效能。在工作中，他们能够以诚信为纽带，与群众建立起紧密的联系和沟通。这种密切的联系和沟通，有助于基层干部更准确地把握群众的需求和期望，更精准地制定和执行政策，从而推动农村基层工作的深入开展。

因此，诚信是基层干部必备的道德品质。只有具备了诚信的品质，基层干部才能在工作中赢得群众的信任和支持，才能推动农村基层工作的顺利开展。同时，我们也应该看到，诚信的建设是一个长期而艰巨的过程，需要全社会的共同努力和持续推动。作为基层干部，他们更应该以身作则、率先垂范，为全社会的诚信建设做出积极的贡献。

3. 公正公平，不偏不倚

在基层工作中，公正公平是基层干部必须坚守的道德底线。这一品质要求他们在处理各类事务时，始终保持客观中立的态度，不偏袒任何一方，严格遵循法律法规和政策规定，确保每一项决策都能体现公平和正义。

公正公平的品质在基层工作中具有极其重要的意义。首先，它是维护社会和谐稳定的重要保障。基层干部在处理矛盾纠纷、分配资源等方面，如果能够做到公正公平，就能有效减少社会不公和矛盾冲突，为农村社会的和谐稳定创造有利条件。

其次，公正公平的品质有助于提升基层政府的公信力和执行力。群众对于基层干部的信任很大程度上来源于他们的公正无私和公平合理。只有具备了这一品质，基层干部才能赢得群众的尊重和信任，进而推动各项政策和工作的顺利执行。

最后，公正公平的品质也是推动农村基层治理良性发展的关键。在基层治理中，公正公平的原则必须贯穿始终，无论是制定政策、执行决策，还是监督评估，都需要以公正公平为准则。只有这样，才能确保农村基层治理的科学性和有效性，推动农村社会的全面进步和发展。

因此，公正公平是基层干部不可或缺的道德品质。他们必须时刻牢记这一原则，以实际行动践行公正公平的价值理念，为农村基层工作的顺利开展和农村社会的和谐稳定贡献自己的力量。

4. 廉洁自律，清正廉明

在基层工作中，廉洁自律是每一位基层干部都应恪守的职业操守和道德准则。这一品质要求他们不仅要在工作中保持清正廉洁的作风，更要从内心深处树立起对廉洁自律的坚定信念。

廉洁自律意味着基层干部要时刻警醒自己，自觉抵制各种腐败现象的侵蚀。在面对诱惑和考验时，他们能够坚守原则，不为任何不正当的利益所动摇。这种坚定的廉洁自律精神，不仅是对个人品质的考验，更是对党和人民忠诚度的体现。

同时，廉洁自律还要求基层干部加强自我约束和管理，严格遵守党纪国法和各项规章制度。他们要以身作则，为群众树立起清正廉明的榜样。在日常工作中，不贪污、不受贿、不侵占公共财物，始终保持清醒的头脑和纯洁的心灵。

这种廉洁自律的品质对于农村基层工作具有重要意义。它不仅能够树立良好的形象和风范，更能够为农村基层工作注入正能量。当基层干部以清正廉明的态度对待工作时，他们更容易赢得群众的信任和尊重，从而推动各项工作的顺利开展。

5. 注重修养，提升境界

在基层工作中，道德修养被视为基层干部个人成长与事业发展的核心要素。这一品质的培养与提升，不仅关乎个人的品德塑造，更与农村基层工作的质量和效果息息相关。

道德修养的深化需要基层干部不断学习与实践。通过学习中华优秀传统文化、社会主义核心价值观等内容，他们能够汲取丰富的道德滋养，明确正确的价值导向。同时，将所学所悟付诸实践，通过日常工作与生活中的点滴努力，不断锤炼自己的品行，提升自己的道德境界。

在工作中，基层干部要始终坚守为人民服务的宗旨，将群众的利益放在首位。他们应树立正确的权力观、地位观和利益观，明确权力来自人民、地位源于奉献、利益归于社会。这种正确的观念将引导他们更加公正、廉洁、高效地行使权力，为农村基层工作贡献自己的力量。

同时，积极践行社会主义核心价值观是基层干部提升道德修养的重要途径。他们应以实际行动弘扬中华民族传统美德和时代新风，传递正能量，引领社会风尚。通过自身的示范和带动，他们能够在农村基层工作中营造出崇德向善、见贤思齐的良好氛围。

三、探讨加强道德教育的路径

1. 深化道德认知，从思想教育入手

在探讨加强基层干部道德教育的路径时，深化道德认知无疑是首要任务。而要实现这一目标，从思想教育入手显得尤为重要。

思想教育作为道德教育的基石，其目的在于引导基层干部深入理解道德的内涵、原则和价值，从而帮助他们树立正确的道德观念。为了实现这一目标，可以通过组织专题讲座、研讨会等活动，邀请道德领域的专家学者或优秀基层干部分享他们的道德理念和实践经验。这样的活动不仅有助于拓宽基层干部的视野，更能引导他们在比较和借鉴中深化对道德的认知。

同时，鼓励基层干部进行自我反思和学习也是提升他们道德自觉性和自我修养能力的重要途径。可以引导他们定期回顾自己的工作和生活，思考自己在道德方面是否存在不足，以及如何改进。此外，还可以推荐一些优秀的道德读物或案例，供他们自学和借鉴，从而帮助他们在持续的学习中不断提升自己的道德境界。

2. 强化实践锻炼，提升道德行为能力

道德教育并非仅限于纸上谈兵，而是需要在实践中不断锤炼和提升。对于基层干部而言，强化实践锻炼是提升他们道德行为能力的重要途径。

第一，实践在道德认知的形成和提升过程中扮演着至关重要的角色，尤其是对于基层干部而言。通过亲身参与各种实践活动，基层干部能够将抽象的道德理论知识与具体、生动的实际情境紧密结合起来，从而更为深刻地领悟道德的真正内涵和实践要求。

在实践活动中，基层干部会面临各种各样的道德挑战和抉择。这些挑战和抉择，不仅要求他们运用所学的道德理论知识进行分析和判断，更要求他们通过实际行动来践行道德、传递正能量。在这样的过程中，基层干部能够直观地感受到道德的力量和价值，体会到遵守道德规范的重要性和必要性。

与单纯的理论学习相比，通过实践获得的道德认知往往更加深入和持久。这是因为实践活动具有生动性、具体性和情境性等特点，能够使基层干部在亲身体验中感受到道德的魅力和力量。同时，实践活动还能够使基层干部在实践中不断反思和修正自己的道德观念和行为方式，从而不断提升自己的道德境界和素养。

因此，对于基层干部来说，积极参与各种实践活动是提升道德认知、锤炼道德品质的重要途径。通过实践，他们能够更加深入地理解道德的内涵和要求，更加自觉地践行道德规范，为推动社会和谐稳定、促进人民幸福安康贡献自己的力量。

第二，实践锻炼在培养基层干部的道德意志方面发挥着举足轻重的作用。在复杂多变的工作环境中，基层干部时常面临各种诱惑和挑战，这时，坚定的道德意志就显得尤为重要。它能够帮助基层干部保持清醒的头脑，始终坚守正确的行为准则。

通过实践锻炼，基层干部能够在实际工作中不断磨砺自己的道德意志。在面对困难和挑战时，他们需要依靠坚定的道德信念和原则来指导自己的行动，不为各种不正当的利益所动摇。这种锻炼不仅有助于提升基层干部的道德境界，还能够使他们在实践中更加深刻地认识到道德的重要性。

此外，实践锻炼还能够增强基层干部的道德自信。当他们在实践中坚守道德原则、战胜各种诱惑和挑战时，会有一种内心的满足感和成就感。这种

自信不仅来源于他们的道德行为得到了社会的认可和尊重，更来源于他们内心深处对道德的坚定信仰。

因此，实践锻炼对于培养基层干部的道德意志具有不可替代的作用。通过不断的实践和挑战，基层干部能够逐渐培养出坚韧不拔的道德品质，为更好地服务人民群众、推动社会进步奠定坚实的道德基础。同时，这也需要社会各界的关注和支持，为基层干部提供更多的实践机会和锻炼平台，共同推动社会道德水平的提升。

第三，实践对于提升基层干部的道德行为能力而言，是一条至关重要的途径。基层干部的道德行为能力，不仅仅是通过他们的言辞和举止来展现，更重要的是在他们处理各类事务、解决各种问题的过程中体现出来的能力和水平。

通过积极地参与实践活动，基层干部有机会将所学的知识和技能转化为实际行动，为群众提供实实在在的服务和帮助。例如，在志愿服务活动中，基层干部需要充分发挥自己的组织协调能力，确保活动的顺利进行；在扶贫济困的活动中，他们则需要运用自己的沟通能力和解决问题的能力，为困难群众提供精准有效的帮扶。

这些实践活动不仅是对基层干部能力的锻炼，更是对他们道德行为能力的提升。在实践中，基层干部会遇到各种各样的情况和问题，需要他们灵活运用所学的知识和技能来解决。这个过程不仅能够锻炼他们的思维能力和应变能力，更能够让他们在实践中深刻体验到道德的力量和价值，从而更加自觉地践行道德规范。

因此，实践是提升基层干部道德行为能力的重要途径。通过不断的实践锻炼，基层干部能够不断提升自己的能力和水平，更好地为群众服务、为社会做贡献。同时，这也需要社会各界的支持和鼓励，为基层干部提供更多的实践机会和平台，共同推动社会的进步和发展。

3. 发挥榜样示范作用，引领道德风尚

在道德教育的实施过程中，榜样示范的力量不容忽视。宣传和表彰道德

模范、优秀基层干部等先进典型，对于激发基层干部的向上动力和进取心具有重要意义。

第一，宣传和表彰先进典型在树立正确的道德导向方面发挥着举足轻重的作用。通过广泛传播道德模范、优秀基层干部等先进人物的光辉事迹和高尚精神，我们可以为基层干部树立鲜明的榜样，明确何为正确的道德观念和行为准则。

这种正面的宣传和表彰，不仅能够激发基层干部的荣誉感和进取心，更能够引导他们自觉地向先进看齐，学习先进人物的道德品质和行为习惯。在榜样的引领下，基层干部会更加清晰地认识到，作为一名公职人员，应当秉持怎样的道德标准，如何在工作中践行这些标准。

进一步来看，宣传和表彰先进典型还有助于在基层营造崇德向善、见贤思齐的良好氛围。当基层干部看到身边的同事或领导因为杰出的道德表现而受到表彰和尊重时，他们会受到深刻的触动和启发，进而激发自己向善向上的内在动力。这种氛围的营造，对于提升整个基层的道德水平、推动基层工作的顺利开展具有积极的意义。

因此，宣传和表彰先进典型是树立正确道德导向、推动基层道德建设的重要途径。我们应该充分挖掘和宣传身边的先进人物和事迹，让基层干部在榜样的引领下不断成长进步，为构建和谐社会、推动社会进步贡献自己的力量。

第二，榜样示范在基层干部的成长与激励中起到了不可或缺的作用。当基层干部亲眼见证身边的同事或领导因坚守高尚的道德原则、为公众做出杰出贡献而受到社会的广泛表彰和尊重时，这种生动的示范效应会在他们心中激起强烈的共鸣和进取心。

这种共鸣和进取心源于人类对优秀品质的天然敬仰和对成功的渴望。基层干部会深受榜样的影响和启发，认识到通过不懈努力和持续进步，自己同样可以达到甚至超越这样的高度。这种正向的激励作用，有助于在基层中形成一种你追我赶、力争上游的积极氛围。

在这种氛围的熏陶下，基层干部会更加自觉地提升自己的道德素质和业务能力。他们会以更高的标准要求自己，时刻保持清醒的头脑和坚定的道德立场，不断学习和实践，以提升自己的综合素质和工作能力。同时，他们也会更加关注群众的需求和期待，以更加务实的态度和更加有效的方法去解决问题、提供服务。

因此，榜样示范是激发基层干部进取心的重要途径。通过树立和宣传身边的先进典型，我们可以为基层干部提供一个清晰的学习目标和努力方向，激励他们不断追求卓越、为公众做出更大的贡献。同时，这也需要我们在实际工作中注重发现和培养先进典型，为他们提供更多的展示平台和成长机会，共同推动基层工作的持续发展和进步。

第三，与先进人物的交流互动对提升基层干部的道德素质具有深远的影响。当基层干部有机会与道德模范等先进人物面对面交流，聆听他们的心路历程和道德实践，这种直接的互动能够带来深刻而持久的触动。

先进人物作为道德的典范，他们身上的品质和行为是对高尚道德标准的生动诠释。在与他们的交流中，基层干部能够近距离地感受这些优秀品质的魅力，更深入地理解道德的真正内涵和实践价值。这种理解不是停留在理论层面，而是转化为对实际工作和生活的深刻指导。

此外，通过与先进人物的互动，基层干部能够从他们身上汲取道德力量。在面对工作中的困难和挑战时，这种力量能够成为他们坚守初心、勇往直前的强大动力。先进人物的言行举止，甚至是他们处理问题的方式方法，都可能成为基层干部学习和模仿的对象。

值得一提的是，这种面对面的学习和交流方式，往往比单纯的理论学习更加生动和有效。它不仅能够激发基层干部的学习兴趣，更能够促使他们将所学所悟转化为实际行动，从而真正提升自身的道德素质。

因此，在道德教育中，应充分发挥榜样示范的作用，通过宣传和表彰先进典型、邀请先进人物交流互动等方式，引领基层形成良好的道德风尚。这将有助于提升基层干部的整体素质和工作效能，推动农村基层工作的顺利开展。

4. 加强制度建设和监督管理力度

在推进基层干部道德教育的过程中，制度建设和监督管理是两个不可或缺的环节。它们共同构成了道德教育有效实施的坚实保障。

第一，建立完善的制度体系对于道德教育的实施与发展具有至关重要的意义。道德教育并非一蹴而就的过程，而是需要系统规划、持续推进的长期工作。在这一背景下，构建一套全面而富有成效的制度体系显得尤为重要。

首先，制定明确的道德教育计划是制度体系中的核心组成部分。这样的计划应当详细规划道德教育的内容、方式、时间等方面的要素，确保每一个环节都有明确的目标和步骤。通过制定计划，可以使得道德教育的推进更加有序、有针对性，避免盲目性和随意性。

其次，建立科学的考核评价标准也是制度体系不可或缺的一环。这些标准应当全面涵盖基层干部的道德素质要求，包括但不限于诚信、公正、廉洁等方面。通过客观、公正的评价，可以准确了解基层干部的道德水平，及时发现存在的问题和不足，为后续的教育和培训提供有力依据。

最后，设立奖惩机制是确保道德教育有效实施的重要手段。对于表现优秀的基层干部，应当给予适当的表彰和奖励，以激励他们继续保持良好的道德风尚。同时，对于违反道德规范的行为，也应当依规进行惩处，以示警诫并促进整改。这样的机制有助于在基层形成鲜明的道德导向，推动基层干部自觉践行道德规范。

第二，加大监督管理力度在确保道德教育效果方面扮演着举足轻重的角色。为了维护基层干部的道德标准并促进其持续提高，定期对他们的道德行为进行检查和评估显得尤为重要。这一过程旨在及时发现潜在的不良行为，并采取相应措施予以纠正，从而确保基层干部始终恪守高尚的道德准则。

为实现这一目标，设立专门的监督机构或委派专人负责监督管理工作成为必要之举。这些监督实体将承担起对基层干部道德行为的常态化监察职责，通过定期或不定期的检查、评估，确保基层干部的言行举止符合既定的

道德标准。此外，鼓励群众参与监督也是一项重要策略。群众的眼睛是雪亮的，他们的参与能够大大增强监督的广度和深度。通过建立举报奖励机制，可以进一步激发群众参与监督的积极性，形成全社会共同关注基层干部道德风尚的良好氛围。

这种全方位的监督管理模式不仅有助于及时发现并纠正基层干部的不良行为，更能够在全社会范围内传递出对道德教育的重视和支持。它提醒着每一位基层干部，他们的道德表现时刻受到关注和评价，从而激励他们更加自觉地践行道德规范，以实际行动赢得公众的认可和尊重。最终，这种监督管理机制将促进基层干部道德素质的全面提升，为社会的和谐稳定和持续发展奠定坚实基础。

第三，制度建设和监督管理在道德教育中是相互依存、相互促进的两个重要方面。它们共同构成了道德教育实施的坚实基石，为提升基层干部的道德素质提供了有力的保障和支持。

首先，制度建设是道德教育的基础工程，它为道德教育的开展提供了明确的方向和规范。然而，制度再好，如果得不到有效的执行，也会成为一纸空文。因此，监督管理的角色就显得尤为重要。监督管理通过对制度执行情况的检查和评估，确保各项制度能够落到实处，真正发挥作用。同时，监督管理还能及时发现制度执行中的问题和不足，为制度的修订和完善提供重要依据。

其次，监督管理也需要制度建设的指导和规范。没有制度的指导，监督管理可能会陷入盲目和混乱，无法做到有的放矢。制度建设通过明确监督管理的目标、原则和方法，为监督管理工作提供了清晰的路径和准则。这样，监督管理人员就能有章可循、有据可查，更加科学、规范地开展工作。

最后，制度建设和监督管理在道德教育中是相互促进的关系。一方面，制度建设的不断完善为监督管理提供了更加坚实的基础；另一方面，监督管理的有效实施又推动了制度建设的进一步深化。这种良性互动有助于在道德教育中形成强大的合力，共同推动基层干部道德素质的提升。

因此，加强制度建设和监督管理力度是推进基层干部道德教育的重要途径。通过建立完善的制度体系和加大监督管理力度，我们可以为基层干部道德教育提供坚实的保障和支持，推动农村基层工作不断取得新的成效。

第四节　突出能力，出色的能力素质是关键

一、能力素质的关键作用

在农村基层工作中，能力素质对于基层干部而言具有不可替代的关键作用。这种作用主要体现在以下几个方面：

1. 应对复杂局面，推动工作顺利进行

农村基层工作的复杂性和多样性对基层干部的能力提出了高要求。在处理涉及多个领域和方面的复杂局面时，基层干部需要展现出以下关键能力：

第一，出色的组织协调能力对于基层干部而言，无疑是应对工作中复杂局面的坚实基础。在面对多样化和交织性的任务时，基层干部必须展现出高超的统筹兼顾能力，以便能够协同各方资源和力量，共同确保各项工作的稳步推进。

具体而言，良好的组织规划能力是基层干部不可或缺的素质。他们需具备对人力、物力以及财力等资源的合理配置能力，这样才能够确保在有限资源下，工作得以最高效的方式进行。这要求基层干部不仅要对各项任务有清晰的认识和规划，还要能够预见潜在的问题，并提前做出应对。

在实际工作中，组织协调能力的发挥往往体现在对多方利益的平衡处理上。基层干部需要善于倾听各方的声音，理解他们的需求和关切，并在此基础上寻求共识，推动工作的顺利进行。这种能力不仅要求基层干部具备敏锐的洞察力和判断力，还要求他们拥有高超的沟通和协商技巧。

此外，组织协调能力还体现在对紧急情况的迅速应对上。在面对突发事

件或紧急任务时，基层干部需要迅速调动资源，组织人员，制定应对策略，以确保工作的顺利进行。这种能力不仅要求基层干部具备冷静的头脑和果断的决策力，还要求他们能够在压力下保持清晰的思维和高效的行动力。

第二，沟通能力在解决复杂问题的过程中，确实起到了举足轻重的作用。对于基层干部而言，与上级、同事以及广大群众之间的有效沟通是日常工作的重要组成部分，这不仅关乎信息的准确传递，更影响到工作的顺利开展和问题的妥善解决。

首先，与上级的有效沟通能够帮助基层干部准确理解工作目标和要求，确保工作方向正确、重点明确。通过及时向上级反馈工作进展和遇到的问题，基层干部还能得到必要的指导和支持，有助于更好地把握工作全局和关键节点。

其次，同事间的沟通同样不可或缺。基层干部需要与同事保持良好的沟通协作，共同研究工作方案，协调解决工作中的问题和矛盾。这种横向沟通有助于形成工作合力，提高工作效率，共同推动任务的完成。

最后，与群众的有效沟通更是基层干部工作的重中之重。群众是基层工作的基础，只有深入了解群众的需求和意见，才能更好地为他们服务。通过与群众面对面交流、耐心倾听他们的声音，基层干部可以及时发现和解决问题，消除误解和隔阂，增进相互理解和信任。这种良好的沟通氛围为解决问题创造了有利的环境，也为基层工作的顺利开展奠定了坚实的基础。

第三，应变能力是基层干部在面对突发事件或紧急情况时必须具备的核心素质。在实际工作中，各种不可预见的情况时有发生，这就要求基层干部能够迅速做出反应，灵活调整工作策略，以确保工作的顺利进行。

首先，敏锐的观察力是应变能力的基础。基层干部需要时刻关注工作环境的变化，及时发现潜在的问题和隐患。通过观察和分析，他们能够准确判断形势的发展趋势，为后续的决策和行动提供重要依据。

其次，准确的判断力也是应变能力的关键。在面对复杂多变的情况时，基层干部需要迅速做出决策，选择最佳的应对方案。这要求他们具备清晰的思维和准确的判断力，能够在短时间内权衡利弊，做出明智的选择。

最后，灵活的思维方式是应变能力的体现。基层干部需要打破常规思维束缚，勇于尝试新的方法和策略。在遇到困难和挑战时，他们能够迅速调整思路，寻找新的解决方案，以适应不断变化的工作环境。

2. 提高工作效率，贡献发展力量

农村基层工作的高效推进，离不开基层干部出色的能力素质。这些素质在工作中具体表现为以下几个方面：

第一，快速理解政策意图与准确把握工作重点，对于基层干部而言，是确保政策得以有效实施的关键所在。深入学习和理解相关政策，能够使基层干部对政策的核心要义和工作要求有清晰且准确的认识。这种敏锐的洞察力不仅能够帮助他们在制定工作计划和措施时做到有的放矢，更能确保工作的高效推进。

具体而言，当一项新政策出台时，基层干部需要第一时间对其进行学习和研究。他们需要仔细研读政策文件，理解政策的目标、原则、措施以及实施步骤，确保对政策内容有全面、深入的了解。同时，他们还需要结合实际情况，对政策进行解读和分析，明确政策在本地区的具体适用条件和执行标准。

在理解政策意图的基础上，基层干部还需要准确把握工作重点。他们需要根据政策要求和本地实际情况，确定工作的主要方向和关键领域。这样，在制定工作计划和措施时，就能够做到重点突出、针对性强，确保工作能够取得实效。

此外，快速理解政策意图和准确把握工作重点还有助于基层干部更好地与群众进行沟通和交流。他们需要用群众易于理解的语言和方式，对政策进行宣传和解释，使群众能够真正了解政策、支持政策。同时，他们还需要及时收集和反馈群众的意见和建议，为政策的完善和优化提供参考依据。

第二，制定切实可行的工作计划和措施，是基层干部确保政策有效落地、工作有序进行的关键环节。基于对政策意图和工作重点的深入把握，他们能

够紧密结合基层实际情况，精心设计出既符合政策导向又具有针对性和可操作性的实施方案。

在制定工作计划时，基层干部会充分考虑政策要求与基层实际的结合点，确保计划既体现政策精神，又能切实解决基层面临的实际问题。他们会细化工作目标，明确具体任务和时间节点，使计划具有可操作性和可衡量性。同时，他们还会注重工作计划的灵活性，预留出调整空间，以应对可能出现的变化和挑战。

在制定工作措施方面，基层干部同样展现出高度的务实性和创新性。他们会根据工作计划的需要，设计出一系列切实可行、富有创意的工作措施。这些措施既包括对传统工作方法的优化和改进，也包括对新理念、新技术的探索和应用。通过这些措施的实施，基层干部能够有效地推动工作进展，解决实际问题，提升工作效果。

值得一提的是，基层干部在制定工作计划和措施时，始终坚持以人民为中心的发展思想。他们密切关注群众需求，积极回应社会关切，努力使工作计划和措施更加贴近民意、惠及民生。这种以人民为中心的工作导向，不仅增强了工作计划和措施的针对性和实效性，也进一步提升了基层干部在群众中的公信力和影响力。

第三，在推进农村基层工作的过程中，不断总结经验与创新方法显得尤为重要。基层干部在这方面展现出了积极的姿态和显著的能力，他们不仅从过往的实践中汲取智慧，还勇于探索新的路径，为农村发展持续注入新鲜血液。

在经验总结方面，基层干部十分注重对工作实践的反思和提炼。他们深知每一项工作的成功或失败都蕴含着宝贵的经验教训，因此会定期对工作进行总结，分析其中的得失，并据此调整和优化工作策略。这种经验总结不仅有助于提升基层干部自身的工作能力，更为后续工作的顺利开展提供了重要参考。

在创新方法上，基层干部同样展现出了不俗的实力。他们深知传统的工作方法在某些情况下可能难以应对新的挑战，因此积极寻求创新，勇于尝试新的思路和举措。这种创新不仅体现在对新技术、新理念的引入和应用上，更体现在对现有工作机制的改革和完善上。通过这些创新实践，农村基层工作得以焕发新的活力，更好地适应和满足时代发展的需求。

值得一提的是，基层干部在创新过程中始终保持着谨慎和务实的态度。他们深知创新并非盲目冒进，而是在充分论证和试点的基础上稳步推进。这种稳健的创新策略不仅确保了创新实践的有效性，也最大限度地降低了潜在的风险。

3.支撑个人成长，奠定事业发展基石

对于基层干部而言，能力素质不仅是履行职责、完成工作的必备条件，更是支撑个人成长、奠定事业发展基石的关键因素。一个人的能力水平，往往在很大程度上决定着他在职业发展道路上能够走得多远、站得多高。

首先，出色的能力素质有助于基层干部在工作中不断积累经验、提升自我。面对复杂多变的农村基层工作环境，具备良好能力的基层干部能够迅速适应并融入其中，通过实践锻炼不断提升自己的业务水平和综合素质。这种在实践中不断积累、提升的过程，不仅有助于他们更好地完成工作任务，也为个人的成长奠定了坚实基础。

其次，能力素质的提升还意味着知识领域和技能范围的拓展。基层干部要想在事业发展中不断取得新的突破和成就，就必须保持持续学习、不断进取的态度。通过参加培训、学习交流等方式，他们能够不断拓展自己的知识领域和技能范围，提升自己在工作中的竞争力和影响力。这种不断学习和提升的精神，也是基层干部在工作中始终保持活力和创造力的源泉。

最后，能力素质的提升还有助于基层干部在未来的事业发展中做好充分准备。随着工作的深入和职业发展的需要，基层干部可能会面临更多的挑战和机遇。具备出色能力素质的基层干部，能够更加自信、从容地应对这些挑战和机遇，为自己的事业发展创造更多的可能性。

二、分析应具备的各种能力

1. 组织协调能力

组织协调能力是基层干部在履行职责、推动工作过程中必须具备的核心能力之一。它要求基层干部能够合理调配人力、物力等资源，确保各项工作有序、高效地进行。

具体来说，组织协调能力包括以下几个方面：首先，基层干部需要明确工作目标和任务，对整体工作有清晰的认识和规划。他们需要根据实际情况，制定合理的计划和方案，确保工作能够按照既定的目标和要求进行。其次，基层干部需要细化任务分工，将整体工作分解成若干个具体环节，并明确每个环节的责任人和完成时限。这样可以确保每个环节都有人负责，避免工作重复或遗漏，提高工作效率。

此外，基层干部还需要善于协调各方利益，处理各种矛盾和纠纷。在农村基层工作中，不同群体之间可能存在利益冲突或意见分歧。基层干部需要运用自己的组织协调能力，通过沟通、协商等方式，化解矛盾、解决问题，维护团队的和谐与稳定。这种能力对于推动基层工作的顺利开展至关重要，也有助于提升基层干部在群众中的威信和影响力。

2. 沟通能力

沟通能力在基层工作中占据着举足轻重的地位，它不仅是基层干部与群众建立紧密联系的桥梁，更是了解民情民意、汇聚民智的重要途径。对于基层干部而言，良好的沟通能力是履行职责、推动工作的重要保障。

具体而言，沟通能力要求基层干部在与群众交流时，能够注重倾听他们的意见和建议，深入了解他们的想法和需求。在沟通过程中，基层干部应以平等、友善的态度对待群众，尊重他们的主体地位和话语权，避免高高在上的官僚作风。通过耐心倾听和细致交流，基层干部能够更好地把握群众的思想动态和利益诉求，为政策制定和工作落实提供有力的支持。

此外，基层干部还需要善于运用各种沟通技巧和方法，消除与群众之间的隔阂和误解。在面对复杂多变的基层情况时，基层干部应保持冷静和理性，通过换位思考、积极引导等方式，化解矛盾、增进共识。同时，他们还应注重语言表达的准确性和亲和力，用通俗易懂的语言向群众传达政策精神和工作要求，提高群众的认知度和参与度。

3. 决策能力

第一，深入分析与研究问题的能力，对于农村基层干部而言，是处理复杂工作情境、确保决策科学性的重要基石。在面对农村基层工作中纷繁复杂的问题时，基层干部必须具备冷静、客观的分析态度，以及深入细致的研究能力。

首先，深入分析与研究问题的能力有助于基层干部准确把握问题的本质和核心。农村工作往往涉及多方面的因素和复杂的利益关系，问题的表象之下往往隐藏着深层次的原因和矛盾。因此，基层干部需要通过深入的分析和研究，剥离出问题的本质，明确问题的核心和关键点，为后续的决策提供准确的依据。

其次，这种能力有助于基层干部制定针对性的解决方案。通过对问题的深入分析和研究，基层干部可以更加全面地了解问题的来龙去脉和各方利益诉求，从而制定出更加符合实际、具有针对性的解决方案。这样的解决方案不仅能够有效解决当前问题，还能够预防类似问题的再次发生。

最后，深入分析与研究问题的能力也是基层干部不断提升自身专业素养的重要途径。在分析和研究问题的过程中，基层干部需要不断学习新知识、掌握新方法，不断提升自己的专业素养和综合能力。这种学习和提升过程不仅有助于解决当前问题，还能够为未来的工作奠定坚实的基础。

第二，综合考虑与权衡各种因素的能力，对于农村基层干部在决策过程中的重要性不言而喻。在面对复杂多变的农村工作环境时，基层干部必须全面、深入地考虑各种相关因素，以确保决策的科学性和有效性。

首先，政策要求是基层干部决策的根本遵循。在制定任何决策之前，基

层干部必须深入了解相关政策要求，确保决策方向与政策导向保持一致。这既是对上级政策的尊重，也是确保工作合法合规的基础。

其次，实际情况是决策的重要依据。农村工作具有地域性、差异性等特点，不同地区、不同村庄的实际情况千差万别。因此，基层干部在制定决策时，必须紧密结合当地实际情况，确保决策符合地方特色和实际需求。

再次，群众需求是决策的重要考量。基层干部工作的出发点和落脚点都是为了服务群众、满足群众需求。因此，在决策过程中，必须充分听取和尊重群众意见，确保决策能够真正反映群众意愿、解决群众问题。

最后，资源条件和工作可行性是决策的现实约束。在制定决策时，基层干部必须充分考虑到现有资源条件和工作能力，确保决策具有可操作性和可实现性。同时，还要对决策可能带来的风险和挑战进行充分评估，做好应对预案。

第三，提出切实可行解决方案的能力，对于农村基层干部而言，是确保工作顺利推进、问题解决得以落地的关键所在。在面对农村工作中遇到的各种问题时，基层干部不仅需要深入分析和综合考虑各种因素，更需要在此基础上提出具有针对性和可操作性的解决方案。

首先，切实可行的解决方案必须建立在深入分析和准确把握问题的基础之上。只有对问题有全面深入的了解，才能够找准问题的症结所在，提出针对性强的解决方案。这样的方案能够直击问题核心，避免走弯路和造成不必要的资源浪费。

其次，解决方案的可操作性是确保其得以顺利实施的关键。基层干部在提出解决方案时，必须充分考虑到实际情况和资源条件，确保方案中的各项措施能够在现有条件下得以有效执行。这要求基层干部在制定方案时，既要注重创新性和前瞻性，又要兼顾可行性和实用性。

再次，提出切实可行解决方案的能力还体现在对方案实施过程的监控和调整上。基层干部需要密切关注方案实施过程中的反馈和效果，根据实际情况及时进行调整和优化，确保方案能够始终适应变化的工作环境，保持其有效性和生命力。

最后，这种能力的强弱直接关系到基层工作的效果和质量。一个优秀的基层干部应该能够针对不同问题提出切实可行的解决方案，推动工作的顺利开展和问题的有效解决。这种能力不仅是对基层干部专业素养的考验，更是对其工作责任心和担当精神的体现。

4. 创新能力

创新能力是基层干部在应对新情况、新问题和新挑战时所必需的重要能力。它要求基层干部具备前瞻性思维，勇于尝试新方法、新途径，以推动基层工作的不断进步和发展。

第一，关注时代发展趋势，对于基层干部而言，是适应社会发展、提升工作效能的必然要求。在当下这个信息爆炸、科技飞速进步的时代，新的理念、技术和方法如雨后春笋般不断涌现，为各行各业带来了翻天覆地的变化。对于身处基层的干部来说，紧跟时代步伐，把握发展趋势，显得尤为重要。

首先，关注时代发展趋势有助于基层干部拓宽视野，更新观念。面对日新月异的社会变革，如果基层干部仍然墨守成规、抱残守缺，就难以适应新形势下的工作要求。因此，他们需要积极关注国内外的发展动态，了解各行各业的创新实践，从而拓宽自己的视野，更新工作观念。这样，他们才能以更加开放的心态去拥抱变化，以更加前瞻的眼光去谋划工作。

其次，关注时代发展趋势有助于基层干部学习新知识、掌握新技能。随着科技的进步和互联网的普及，越来越多的新技术、新工具被应用到基层工作中。如果基层干部不关注时代发展趋势，不学习新知识、新技能，就难以胜任日益复杂的工作任务。因此，他们需要保持对新知识的渴望和对新技术的敏感，通过不断学习和实践，掌握与时代发展相适应的工作技能。

最后，关注时代发展趋势有助于基层干部提高工作效率和质量。将先进的理念和技术应用到基层工作中，可以极大地提高工作效率和质量。例如，利用互联网技术进行远程办公、在线学习等，可以打破时间和空间的限制，提高工作效率；利用大数据、云计算等先进技术进行数据分析和决策支持，

可以提高工作的科学性和准确性。因此，基层干部需要紧跟时代步伐，积极探索将新技术、新方法应用到工作中的途径和方式。

第二，学习借鉴先进经验做法，在基层工作中扮演着举足轻重的角色。对于基层干部而言，面对复杂多变的工作环境和挑战，单纯地依靠自身摸索和实践，往往难以快速找到解决问题的有效途径。此时，通过积极学习借鉴其他地区的先进经验做法，结合自身实际情况进行改进和创新，便显得尤为重要。

首先，学习借鉴先进经验做法有助于基层干部拓宽工作思路。不同地区、不同领域的工作实践往往蕴含着丰富的智慧和宝贵的经验。通过学习借鉴这些先进经验做法，基层干部可以打破思维定式，拓宽工作思路，从多角度、多层面去审视和思考问题，进而找到更加符合自身实际情况的解决方案。

其次，学习借鉴先进经验做法有助于基层干部提升工作效率。在实践中，许多地区和领域已经探索出了一系列行之有效的工作方法和流程。通过学习借鉴这些先进经验做法，基层干部可以在避免走弯路的同时，快速掌握并应用这些方法和流程，从而提升工作效率，节省时间和精力。

最后，学习借鉴先进经验做法还有助于基层干部培养创新意识。创新是基层工作不断向前发展的动力源泉。通过学习借鉴其他地区的先进经验做法，并结合自身实际情况进行改进和创新，基层干部可以在实践中不断摸索出新的工作方法和思路，进而推动基层工作的持续创新和发展。

需要注意的是，学习借鉴先进经验做法并不意味着盲目照搬或机械模仿。基层干部在借鉴过程中要保持清醒的头脑，结合自身实际情况进行有针对性的选择和改进。同时，还要注重在学习借鉴过程中不断总结经验教训，以便更好地将先进经验做法融入自身工作中去。

第三，结合本地实际情况进行探索实践，是基层干部推动工作创新、确保工作有效性的关键所在。任何创新都不能脱离实际情况而孤立存在，否则即便再先进的理念和方法，也难以在实际工作中发挥应有的作用。因此，基层干部必须紧密结合本地实际情况，有针对性地开展探索实践。

首先，深入了解本地实际情况是探索实践的前提。基层干部需要全面、深入地了解本地的经济、文化、社会等各方面的特点和需求，把握本地发展的优势和短板。这样，他们才能在工作中有的放矢，确保创新实践能够紧密贴合本地实际，解决实际问题。

其次，有针对性的创新实践是确保工作有效性的关键。在深入了解本地实际情况的基础上，基层干部需要运用所学知识和技能，结合本地特点和需求，有针对性地开展创新实践。这种实践不仅要注重解决当前问题，更要具有前瞻性和可持续性，能够为本地未来的发展奠定坚实基础。

最后，通过不断探索和实践，基层干部能够总结出适合本地特点的工作模式和方法。这些模式和方法既是对本地实际情况的深刻把握，也是对创新实践的宝贵经验的总结。将它们应用到实际工作中，可以大大提高工作效率和质量，推动基层工作的深入开展。

第四，鼓励团队成员积极提出创新意见和建议，是基层干部推动团队创新、提升工作效能的重要手段。一个富有创新精神和活力的团队，往往能够迸发出更多的智慧和创意，为基层工作的顺利开展提供源源不断的动力。

首先，营造开放、包容的氛围是鼓励团队成员提出创新意见和建议的前提。基层干部应该注重与团队成员建立良好的沟通和信任关系，尊重他们的个性和差异，为他们提供一个自由发表意见和建议的平台。在这样的氛围中，团队成员才能够放下顾虑，敢于表达自己的想法和观点。

其次，鼓励团队成员积极提出创新意见和建议有助于激发团队的创造力和创新力。每个人都有自己的知识背景和思维方式，通过集思广益、群策群力，可以将团队成员的智慧和创意汇聚起来，形成更加丰富多样的创新方案。这些方案往往能够从不同的角度和层面解决问题，推动基层工作的创新和发展。

最后，及时回应和反馈团队成员的创新意见和建议是保持团队创新活力

的关键。基层干部应该对团队成员提出的创新意见和建议给予充分的重视和关注，及时进行回应和反馈。对于有价值的意见和建议，应该积极采纳并应用到实际工作中；对于暂时无法实施的建议，也应该给予合理的解释和说明。这样可以让团队成员感受到自己的贡献被认可和重视，从而激发他们的创新热情和积极性。

三、探讨培养和提升能力素质的策略

1. 加强实践锻炼与经验积累

第一，实践中的学习与成长。基层干部应积极参与实际工作，通过亲身实践来学习和提升自己。在工作中，他们会遇到各种问题和挑战，这正是学习和成长的契机。通过解决问题、应对挑战，基层干部能够深入了解工作的实际情况，提升自己的实践能力和应对能力。

第二，经验的积累与传承。基层干部在实践中应注重经验的积累，将工作中的成功案例、失败教训以及解决问题的有效方法进行总结和归纳。这些经验是宝贵的财富，可以为未来的工作提供借鉴和指导。同时，基层干部还应积极传承经验，与同事分享自己的心得和体会，促进团队整体能力的提升。

第三，反思与改进的重要性。在实践锻炼和经验积累的过程中，基层干部还应注重反思与改进。他们应定期回顾自己的工作表现，分析存在的问题和不足，并思考如何改进和提升。通过反思与改进，基层干部能够不断优化自己的工作方式和方法，提高工作效率和质量。

2. 注重学习与培训活动

第一，积极参与政策法规学习。基层干部作为政策执行者，必须深入了解国家的政策法规，确保工作符合法律法规的要求。通过参加相关政策法规的学习课程，基层干部可以系统地掌握法律知识，提高自己的法律素养，为依法行政奠定坚实基础。

第二，持续更新业务知识。随着社会的快速发展，基层工作涉及的领域越来越广泛，对基层干部的业务知识要求也越来越高。基层干部应注重参加与自己工作相关的业务培训，不断学习新理论、新知识、新技能，以适应工作发展的需要。

第三，提升管理技能。管理技能是基层干部必备的核心能力之一。通过参加管理培训和学习课程，基层干部可以掌握先进的管理理念和方法，提高自己的组织协调能力、沟通能力和决策能力，推动基层工作的有序开展。

第四，拓展学习渠道和方式。除了参加正式的培训和学习课程外，基层干部还应积极拓展其他学习渠道和方式。例如，可以通过阅读相关书籍、报刊来丰富自己的知识储备；可以通过网络学习平台来获取最新的信息和知识；还可以通过与同行交流、分享经验来相互学习、共同进步。

3. 强化团队合作与交流沟通

第一，团队合作的重要性。团队合作是基层干部工作中不可或缺的部分。在团队中，每个成员都可以发挥自己的专长和优势，共同完成任务。通过团队协作，基层干部可以相互学习、相互支持，形成合力，提高工作效率和质量。同时，团队合作还能够增强团队凝聚力和向心力，促进团队成员之间的信任和友谊。

第二，提高协调沟通能力。良好的交流沟通能力是基层干部必备的能力之一。他们需要与群众、同事、上级等多个层面进行有效沟通，以推动工作的顺利进行。为了提高自己的协调沟通能力，基层干部应注重倾听他人的意见和建议，理解他人的需求和诉求，积极表达自己的观点和看法，并寻求共识和解决方案。同时，他们还需要掌握一定的沟通技巧和方法，如换位思考、积极反馈等，以更好地与他人进行交流和沟通。

第三，促进多方交流与合作。在基层工作中，基层干部需要与多个部门和机构进行合作与交流，以共同推动工作的开展。因此，他们应积极寻求与其他部门和机构的合作机会，加强彼此之间的了解与信任，共同解决问题和推动工作进展。通过多方交流与合作，基层干部可以拓宽工作视野和思路，

获取更多的资源和支持，为基层工作的发展注入新的动力。

第五节　懂法用法，必备的法律素质是前提

一、强调法律素质的重要性

1. 准确贯彻法律法规，维护法治秩序

具备法律素质的基层干部，对于国家法律法规有着深入的理解和准确的把握。他们不仅熟悉法律条文，更能领会法律法规的精神实质和立法宗旨。这种对法律的深刻理解，使他们在执行政策、推进工作时，能够始终将法律法规作为行动的指南和准则。

在执行政策过程中，具备法律素质的基层干部能够确保各项措施与法律法规保持一致。他们不会因个人主观意愿或外界压力而违反法律规定，也不会因对法律理解不准确而导致工作失误。这样，他们的工作就能够得到法律的有力保障，不走样、不变形，始终保持正确的方向。

同时，具备法律素质的基层干部在维护农村基层的社会稳定和法治秩序方面发挥着重要作用。他们善于运用法律手段解决矛盾纠纷，维护群众的合法权益。他们的行为举止也处处体现出对法律的尊重和遵守，为群众树立了良好的榜样。这种崇法、守法的良好氛围，有助于增强群众的法律意识，提高农村基层的法治化水平。

因此，强调基层干部的法律素质，对于推动农村基层工作的法治化、规范化具有重要意义。只有具备法律素质的基层干部，才能准确贯彻法律法规，维护法治秩序，为农村基层的和谐稳定和发展繁荣提供坚实的法治保障。

2. 有效化解矛盾纠纷，保障群众权益

在农村基层工作中，由于各种因素的交织，矛盾和纠纷时常发生。这些矛盾和纠纷如果得不到及时有效的处理，很可能会对群众的生活和社会的稳

定造成不良影响。而具备法律素质的基层干部，则能够在这些问题上发挥关键作用。

他们运用自身掌握的法律知识，以法律为准绳，公正、高效地处理矛盾和纠纷。在处理过程中，他们不仅注重迅速找到问题的症结所在，更能够提出既符合法律法规又兼顾各方利益的解决方案。这种依法处理的方式，不仅能够迅速有效地解决问题，更能保障群众的合法权益不受侵害。

同时，具备法律素质的基层干部还能够在处理矛盾和纠纷的过程中，积极促进社会的和谐稳定。他们深知，农村基层的稳定是群众安居乐业的基础，也是社会发展的重要前提。因此，他们在处理问题时，始终坚持维护社会稳定的大局，努力通过化解矛盾和纠纷，为群众创造一个和谐、安宁的生活环境。

3.适应法治化进程，推动基层工作上台阶

第一，合法性、规范性的工作基石。具备扎实法律知识的基层干部，能够确保工作的每一步都符合法律法规的要求。他们的工作不会因违法、违规而受到质疑或挑战，从而为农村基层的稳定和发展奠定了坚实的基础。

第二，创新探索中的法治引领。较高的法律素养使得基层干部在工作中不仅能够遵循传统，更能勇于创新。他们在探索新的工作方法、路径时，始终将法律作为指引，确保创新的方向正确、措施得当。这种法治引领下的创新，更有可能为农村基层工作带来新的突破和成果。

第三，推动基层工作持续进步。在法治化的大背景下，基层干部的法律素质成为推动农村基层工作不断前进的动力之一。他们的工作更加规范、有序，更能够得到群众的支持和信任。这种信任和支持，反过来又进一步激发了基层干部的工作热情和创造力，形成了一种良性的循环。

第四，为乡村振兴和法治建设贡献力量。具备法律素质的基层干部，不仅是农村基层工作的中坚力量，更是乡村振兴和法治建设的重要推动者。他们的工作，无论是在维护社会稳定、促进经济发展，还是在推动文化繁荣、保障群众权益等方面，都为乡村振兴和法治建设做出了积极的贡献。

二、分析应具备的法律知识和法律素养

1. 法律知识方面

在法律知识方面，基层干部需要全面、系统地掌握与农村工作紧密相关的各项法律规定。具体而言，可以分为以下几个层面：

第一，宪法基本原则及公民权利义务。基层干部应深刻理解宪法作为国家的根本大法所确立的基本原则，特别是关于公民基本权利和义务的规定。这些知识是处理农村工作中涉及公民权益问题的基础，有助于确保各项政策措施符合宪法精神，维护公民的合法权益。

第二，行政法律法规。行政法是调整行政关系的法律规范的总称，包括行政组织、行政行为、行政程序等方面的规定。基层干部需要熟悉行政法中关于行政行为和行政程序的具体要求，以确保在行使行政权力时能够遵循法定程序，做出合法、合理的行政行为。

第三，民事法律法规。民法是调整平等主体之间人身关系和财产关系的法律规范。基层干部在处理农村工作中涉及的合同纠纷、物权争议、侵权行为等民事法律关系时，需要依据民法的相关规定进行调解和处理，保护当事人的合法权益。

第四，刑事法律法规。刑法是规定犯罪和刑罚的法律规范。基层干部应了解刑法中关于犯罪构成要件、刑罚种类和执行等方面的基本原则，以便在发现农村工作中存在的犯罪行为时能够及时移送司法机关处理，维护社会秩序和公共安全。

第五，农村工作相关专项法律。针对农村工作的特殊性，基层干部还应重点学习和掌握土地管理法、农村土地承包法、农业法等专项法律。这些法律对于规范农村土地使用、保护农民土地承包经营权、促进农业发展等方面具有重要意义。掌握这些法律知识，有助于基层干部在处理农村土地、承包等具体问题时能够有法可依，确保工作的合法性和有效性。

2. 法律素养方面

在法律素养层面，基层干部除了掌握扎实的法律知识外，更应着重培养自身的法律思维和法律意识。这两种素养共同构成了基层干部在工作中运用法律、遵守法律的重要基础。

法律思维是指基层干部在处理问题时，能够自觉运用法律逻辑和法律原则进行分析和判断。这种思维方式要求基层干部在处理农村复杂问题时，不仅仅从经验或情感出发，更要学会从法律的角度进行审视和思考。通过运用法律思维，基层干部可以确保自己的决策和行为符合法律规定，避免因违反法律而引发的不必要的纠纷和矛盾。

法律意识则是基层干部对法律的敬畏和遵守的体现。它要求基层干部时刻将法律作为自己行为的准则和底线，自觉在工作中践行法治精神。具有强烈法律意识的基层干部，不仅能够严格要求自己依法行事，还能积极影响和带动身边的群众遵法守法，共同营造一个法治氛围浓厚的农村环境。

在实际工作中，基层干部应将所掌握的法律知识和培养的法律素养转化为解决农村实际问题的能力。例如，在处理农村土地纠纷时，基层干部应依法进行调解和裁决，确保农民的合法权益得到维护，同时也要注意维护农村社会的和谐稳定。此外，基层干部还应积极参与法治宣传教育活动，通过多种形式向农民群众普及法律知识，提高他们的法律意识和法治观念。这些努力将有助于在农村地区形成尊法学法守法用法的良好氛围，为推进基层法治建设奠定坚实的基础。

三、探讨加强法治教育的途径

1. 加强法律培训和学习

具体而言，可以定期邀请法律专家或学者为基层干部举办法律知识讲座。这些讲座可以涵盖基本的法律原则、法律概念以及国家法律法规的最新动态等内容。通过讲座的形式，专家可以结合实际案例，深入浅出地讲解法

律知识，帮助基层干部更好地理解和掌握。

此外，还可以组织专门的法律培训班，对基层干部进行更为系统和深入的法律培训。这些培训班可以采取脱产或在职的形式，根据基层干部的实际需求和时间安排进行灵活调整。在培训班中，可以设置针对性的课程，如行政法、民法、刑法等，以满足基层干部在不同工作领域中的法律需求。

同时，为了鼓励基层干部持续学习和自我提升，还可以建立相应的激励机制。例如，可以为通过法律考试或取得法律资格证书的基层干部提供奖励或晋升机会，以此激发他们的学习热情和动力。

通过这些措施，可以有效提升基层干部的法律素养和法律意识，使他们在实际工作中能够更好地运用法律知识，为农村基层的法治建设贡献力量。同时，这种定期的法律培训和学习活动也有助于在农村基层营造尊法学法守法用法的良好氛围，推动法治精神的深入人心。

2. 注重实践锻炼和案例分析

实践锻炼和案例分析在法治教育中具有不可或缺的地位，它们能够帮助基层干部将理论知识与实际操作相结合，提升法律素养和实践能力。

第一，实践锻炼是法律知识内化的关键环节。通过参与农村基层的实际工作，基层干部有机会将所学的法律知识运用到具体情境中。这种实践锻炼不仅能够帮助他们巩固和加深对法律知识的理解，还能够提升他们在实际工作中运用法律知识解决问题的能力。例如，在处理农村土地纠纷或承包合同争议时，基层干部可以运用所学的土地管理法和农村土地承包法等法律知识，依法进行调解和裁决，维护农民的合法权益和农村社会的稳定。

第二，案例分析是提升法律意识和法律素养的有效途径。通过组织基层干部对典型案例进行分析讨论，可以让他们从具体案例中汲取经验教训，增强对法律原则和法律精神的理解。案例分析具有直观性和生动性的特点，能够帮助基层干部更加深入地理解法律知识的实际应用。同时，通过讨论和分析案例中的法律问题，基层干部还可以提升自己的法律思维能力和问题解决能力。

第三，实践锻炼和案例分析相互促进，共同提升法治教育效果。实践锻炼让基层干部在实践中检验和运用法律知识，而案例分析则为他们提供了学习和借鉴他人经验的机会。将两者结合起来，可以形成良性的互动循环：实践锻炼中遇到的问题可以成为案例分析的素材，而案例分析中获得的经验和启示又可以指导实践锻炼。这种相互促进的方式能够显著提升基层干部的法律素养和实践能力，推动农村基层法治建设的不断进步。

3.加强法治文化建设

法治文化在基层法治建设中扮演着举足轻重的角色，它是培育法治精神、提升法治素养的肥沃土壤。通过加强法治文化建设，可以在基层营造浓厚的法治氛围，使基层干部在潜移默化中接受法治的熏陶和洗礼。

第一，举办法治文化活动是传播法治理念、增强法治意识的有效途径。可以定期在基层举办各类法治文化活动，如法治讲座、法治展览、法治演出等，通过形式多样、内容丰富的活动，将法治理念融入基层干部的日常生活中。这些活动不仅可以提供学习和交流的平台，还能在轻松愉快的氛围中加深对法治精神的理解和认同。

第二，宣传法治理念是提升基层干部法治素养的重要手段。可以利用各种宣传渠道，如宣传栏、广播、电视、网络等，广泛宣传法治理念、法律知识以及法治建设的成果和案例。通过持续不断的宣传，使基层干部充分认识到法治的重要性，自觉将法治精神内化为自己的行为准则。

第三，将法治教育与道德教育相结合是培育基层干部法治精神的重要方法。法治和道德是相辅相成的，只有将二者紧密结合起来，才能培养出既具备法律素养又具备道德品质的基层干部。因此，在法治教育中应注重道德教育的融入，引导基层干部树立正确的价值观和道德观，自觉践行法治精神，维护社会公平正义。

第五章　农村基层工作方法

第一节　依据实际，尊重实践，从实际出发

一、农村工作的复杂性与多样性

1. 历史因素的深远影响

农村工作的复杂性与多样性是一个不容忽视的现实，其中历史因素对其产生了深远的影响。农村地区作为社会发展的重要组成部分，承载着深厚的历史积淀，这些历史因素不仅塑造了农村独特的社会结构和文化传统，还对其经济发展模式、生活方式、价值观念和社会组织形态产生了深刻的影响。

首先，历史发展轨迹的不同使得各地农村呈现出多样化的社会结构和文化传统。在长期的历史演进过程中，农村地区形成了各具特色的社会组织形式、风俗习惯和文化传统。这些社会结构和文化传统是农村居民生活方式和价值观念的重要体现，也是农村工作必须尊重和考虑的重要因素。

其次，历史因素还深刻地影响着农村地区的经济发展模式。不同历史条件下形成的农业生产方式、土地利用方式和产业结构等，都对农村地区的经济发展产生了深远的影响。在推进农村工作时，必须充分考虑这些历史因素，因地制宜地制定经济发展策略，促进农村经济的可持续发展。

最后，历史因素也反映在农村居民的生活方式和社会组织形态上。农村居民的生活方式、社会组织形态等都与历史因素密切相关。在推进农村工作

时，必须尊重农村居民的生活方式和社会组织形态，注重保护农村地区的生态环境和文化遗产，实现经济、社会和文化的协调发展。

因此，在推进农村工作时，我们必须充分认识到历史因素的深远影响，尊重并保护各地的历史文化遗产。同时，也要根据农村地区的实际情况，制定切实可行的政策措施，促进农村地区的经济、社会和文化的全面发展。

2. 经济发展的不平衡性

我国农村地区的经济发展呈现出明显的不平衡性，这是由多种因素共同作用的结果。一些地区凭借得天独厚的自然资源和地理优势，如肥沃的土地、丰富的矿产、便捷的交通等，实现了经济的快速发展和产业结构的优化升级。这些地区往往能够吸引更多的投资，创造更多的就业机会，基础设施建设也更为完善，从而进一步推动了经济的繁荣和社会的进步。

然而，也有一些农村地区由于历史、地理等多方面的原因，经济发展相对滞后。这些地区可能面临着自然资源匮乏、地理位置偏远、交通不便等挑战，导致经济发展缺乏足够的动力和支撑。同时，这些地区在产业结构、就业机会和基础设施建设等方面也存在明显的不足，制约了经济的增长和社会的发展。

这种经济发展的不平衡性不仅表现在经济总量上，还体现在人民生活水平、教育卫生事业、文化娱乐设施等多个方面。经济发展相对滞后的地区往往面临着更多的贫困问题、社会保障不足以及公共服务缺失等挑战，这些问题又进一步加剧了区域间的发展差距。

因此，在制定和执行农村政策时，必须充分考虑各地区的实际情况和发展需求。对于经济发展较快的地区，可以进一步发挥其优势，推动产业升级和创新发展，同时注重生态环境的保护和可持续发展。而对于经济发展相对滞后的地区，则需要给予更多的政策支持和资源倾斜，帮助其改善基础设施、提升产业结构、创造就业机会，逐步实现经济的跨越式发展。

通过采取差异化的策略，促进区域协调发展，我们可以逐步缩小农村地

区的经济发展差距，实现共同富裕的目标。同时，这也需要各级政府和社会各界的共同努力和持续推动，形成全社会关注农村、支持农村、发展农村的良好氛围。

3. 社会问题的多样性

农村地区面临的社会问题具有显著的多样性，这些问题在教育、医疗、环保、扶贫等多个领域均有体现，且往往与农村地区特有的社会经济结构、自然环境以及政策制度等因素紧密相连。

在教育领域，农村地区普遍面临教育资源不足、师资力量薄弱、教育设施落后等问题。这些问题的存在严重制约了农村教育的发展，影响了农村孩子的受教育机会和教育质量。要解决这些问题，需要政府加大对农村教育的投入，改善教育设施，提高教师待遇，吸引更多优秀人才投身农村教育事业。

在医疗领域，农村地区同样面临诸多挑战。医疗资源分布不均、医疗服务水平不高、农民医疗保障不足等问题依然突出。这些问题的存在使得农村居民在就医方面面临诸多困难，甚至可能因病致贫、因病返贫。为解决这些问题，需要政府加强农村医疗卫生体系建设，提高医疗服务水平，完善医疗保障制度，切实减轻农村居民的医疗负担。

环保问题也是农村地区面临的一大难题。由于历史原因和经济发展需要，一些农村地区的环境污染问题较为严重，如水源污染、土壤污染、空气污染等。这些问题的存在不仅影响了农村居民的生活质量，也对农村的可持续发展构成了严重威胁。为解决这些问题，政府需要加大环保投入，加强环境监管，推动绿色发展，切实保护好农村的生态环境。

在解决这些社会问题的过程中，还需要特别关注农村地区的特殊群体，如贫困人口、老年人、残疾人等。他们作为农村社会的弱势群体，往往面临更多的困难和挑战。政府和社会需要给予他们更多的关爱和支持，确保他们的基本权益得到切实保障。通过综合施策、精准发力，我们有望逐步解决农村地区面临的各种社会问题，推动农村社会的全面进步和发展。

二、深入实际，了解真实情况与需求

农村工作的扎实开展，必须建立在深入实际、全面了解农村真实情况与群众需求的基础之上。这既是工作的基本前提，也是确保政策措施精准有效、贴近民心的关键所在。

1. 全面把握农村经济发展状况

全面把握农村经济发展状况是制定有效经济政策、推动农村持续健康发展的前提。这一过程涉及对农村产业结构、市场需求、资源状况等经济发展要素的深入了解和分析。

第一，深入了解农村产业结构是全面把握农村经济发展状况的基础。农村产业结构是指农村中各产业部门之间的比例关系和相互联系。通过了解农村第一产业、第二产业和第三产业的发展状况，可以把握农村经济的整体结构和主导产业。同时，还要关注农村产业结构的变化趋势，以及新兴产业的发展情况，为农村经济的未来发展提供指导。

第二，准确掌握市场需求是农村经济发展的关键。市场需求是农村经济发展的动力源泉，只有了解市场需求的变化趋势，才能调整产业结构、优化资源配置、提高经济效益。因此，要通过市场调研、数据分析等方式，及时掌握农产品和服务的市场需求情况，为农村经济发展提供市场导向。

第三，全面分析资源状况是农村经济发展的重要保障。资源是农村经济发展的物质基础，包括土地、水资源、劳动力、资金等。要了解农村资源的数量、质量和分布情况，评估资源的可持续利用潜力，为农村经济发展提供资源保障。同时，还要关注资源利用中的环境问题和生态保护需求，推动农村经济的绿色发展。

2. 细致洞察农村社会结构特点

细致洞察农村社会结构特点对于理解农村社会的现状、问题以及制定有针对性的社会政策具有重要意义。农村社会结构的多个方面相互交织、相互

影响，共同塑造了农村社会的独特形态。

第一，人口分布是农村社会结构的基础要素。了解农村的人口规模、密度以及分布特点，有助于把握农村社会的发展动态和趋势。人口分布的变化不仅受自然因素的影响，还与经济社会发展、政策调整等因素密切相关。因此，在洞察农村社会结构时，需要对人口分布进行全面、系统的分析。

第二，家庭结构是农村社会结构的重要组成部分。随着农村经济社会的发展，家庭结构也在发生变化，如家庭规模缩小、核心家庭增多等。这些变化对农村社会的家庭关系、亲子关系、婚姻关系等产生了深远影响。因此，通过深入了解农村家庭结构的变化趋势和特点，可以更好地把握农村社会的家庭关系和家庭功能。

第三，社会关系是农村社会结构的重要维度。农村社会关系错综复杂，包括亲缘关系、地缘关系、业缘关系等。这些关系在农村社会中发挥着重要作用，影响着农村社会的稳定和发展。通过深入剖析农村社会关系的构成和特点，可以揭示农村社会结构中的深层次问题和矛盾，为制定有效的社会政策提供重要依据。

3. 深刻理解农村文化传统内涵

深刻理解农村文化传统内涵对于维护农村社会的文化根基、推动农村文化的传承与创新具有重要意义。农村文化传统是农村社会的历史积淀和文化底蕴，蕴含着丰富的智慧和深邃的思想。

第一，尊重农村的文化传统是深刻理解其内涵的前提。农村文化传统包括风俗习惯、价值观念、信仰体系等，这些传统是农村社会发展的历史见证和精神支柱。要尊重农村的文化传统，认同其价值和意义，避免对其进行贬低或忽视。通过尊重和理解，可以更好地把握农村文化传统的精髓和要义。

第二，深入挖掘农村的文化传统是深刻理解其内涵的关键。要通过参与文化活动、交流文化心得等方式，深入了解农村的文化传统。挖掘农村文化中的优秀元素和独特魅力，探究其背后的历史渊源和文化脉络。这将有助于更全面地认识农村文化传统的丰富性和多样性，为农村文化的传承与创新提供有力支撑。

第三，积极推动农村文化的传承与创新是深刻理解其内涵的落脚点。在传承方面，要通过各种途径和方式，将农村文化传统的优秀元素传递给年轻一代，让他们了解和认同自己的文化根源。在创新方面，要结合时代要求和农村社会发展的实际需要，对农村文化传统进行创造性转化和创新性发展，使其焕发出新的生机和活力。

4. 真切关注群众生产生活诉求

第一，深入了解群众的生产生活状况是至关重要的。这包括群众的收入水平、就业情况、生活条件等方面。通过实地察看、走访群众、座谈交流等方式，可以获取真实、准确的信息，为制定有针对性的政策措施提供重要依据。同时，这也有助于及时发现和解决群众面临的实际困难和问题，提升群众的获得感和幸福感。

第二，倾听群众的利益诉求是农村工作的关键环节。群众的利益诉求是多种多样的，涉及土地承包、宅基地使用、基础设施建设、公共服务等方面。要耐心倾听、认真记录，对群众的合理诉求要积极回应、及时解决。这不仅能够满足群众的实际需求，还能够增强群众对农村工作的信任和支持。

第三，特别关注困难群众和弱势群体是农村工作的重要任务。这部分群体往往面临更多的困难和挑战，需要更多的关心和帮助。要通过建立健全社会保障体系、提供就业援助、加强医疗卫生服务等方式，切实保障他们的基本生活和发展权益。同时，还要关注他们的心理健康和精神需求，给予他们更多的关爱和温暖。

三、结合实际情况与工作要求，制定工作计划

在农村社会治理进程中，制定切实可行的工作计划至关重要。这一计划的制定，需紧密结合农村的实际情况与上级的工作要求，确保既能有效推进工作，又能满足群众的实际需求。

1. 认真领会上级工作要求

第一，研读政策文件是领会上级工作要求的基础。上级下发的政策文件通常包含了宏观规划和政策导向，是农村社会治理的重要依据。基层干部应当认真研读这些文件，深入理解其中的政策精神和要求，从而确保自己的工作计划与上级要求保持一致。

第二，关注工作细节是领会上级工作要求的关键。上级工作要求往往涉及具体的工作内容、时间节点、目标任务等方面。基层干部需要关注这些细节，明确自己的工作职责和任务要求，确保工作能够按照上级的期望和要求顺利进行。

第三，沟通交流是领会上级工作要求的必要途径。在领会上级工作要求的过程中，基层干部可能会遇到一些不明确或难以理解的问题。此时，积极与上级沟通交流，寻求指导和帮助，是解决问题的有效途径。通过沟通交流，基层干部可以更加准确地理解上级的工作要求，确保工作的正确方向。

2. 结合实际情况与工作要求，制定工作计划

第一，明确工作目标。工作目标是工作计划的核心，它指引着整个工作的方向。在制定工作目标时，基层干部需要综合考虑农村的实际情况、群众的需求以及上级的政策导向，确保目标既符合政策要求，又能满足群众的实际需要。

第二，细化具体任务。具体任务是实现工作目标的关键步骤。基层干部需要根据工作目标，详细列出需要完成的具体任务，包括任务的内容、标准、责任人等，确保每个任务都明确、具体、可操作。

第三，确定实施步骤。实施步骤是完成具体任务的路径和方法。基层干部需要结合实际情况，合理安排任务的先后顺序，确定每个步骤的具体内容和时间节点，确保工作的有序推进。

第四，设定时间节点。时间节点是工作计划的重要组成部分，它确保了工作的时效性和节奏感。基层干部需要根据任务的紧急程度和重要性，为每个任务设定合理的时间节点，确保工作能够按时完成。

在制定工作计划的过程中，基层干部还需要注意以下几点：一是要确保计划的合理性和可行性，避免目标过高或任务过重导致计划难以实施；二是要注重计划的灵活性和可调整性，根据实际情况的变化及时调整计划；三是要加强与上级和群众的沟通交流，及时反馈工作进展情况，争取更多的支持和帮助。

通过以上步骤和注意事项，基层干部可以制定出一份既符合政策导向又能满足群众需求的工作计划，为农村社会治理工作的有效开展奠定坚实的基础。

3. 注重工作计划的灵活性和可操作性

在农村社会治理工作中，工作计划的制定至关重要，而该计划的灵活性和可操作性则是确保其有效实施的关键因素。

第一，灵活性

农村社会治理工作面临的环境和挑战时常变化，这就要求工作计划必须具备一定的灵活性。灵活性意味着计划不是刻板不变的，而是能够根据实际情况的变化进行适时调整。例如，当遇到突发事件或政策调整时，工作计划应能迅速做出反应，调整任务优先级、时间节点或资源配置，以确保工作目标的顺利实现。这种灵活性要求基层干部在制定计划时预留一定的空间，不过于拘泥细节，而是注重整体方向和战略目标的实现。

第二，可操作性

工作计划不仅要灵活，还必须具备可操作性。可操作性是指计划中的各项任务和措施应具体明确、易于理解和执行。为了实现这一点，基层干部在制定计划时应尽量使用清晰、明确的语言描述任务要求、实施步骤和预期成果。同时，还应为每项任务设定明确的时间节点和责任人，确保计划的执行过程中有明确的指导和监督。这样的工作计划能够帮助基层干部迅速投入工作，减少不必要的摸索和试错，从而提高工作效率和成果质量。

第二节　深入群众，大兴调查研究之风

一、与群众保持密切联系的重要性

1. 深入了解农村社会实际情况

第一，深化对群众需求的理解

通过与群众保持密切联系，基层干部能够更直接地了解群众的生活状况、发展需求和所关心的热点问题。这种深入的了解有助于基层干部形成更加精准的工作方向和内容，确保工作能够真正回应群众关切，满足群众需求。

第二，增强服务群众的宗旨观念

在与群众的互动中，基层干部能够深刻体会到自身工作的价值和意义，从而更加坚定地为群众服务、为农村发展贡献力量的决心。这种宗旨观念是基层干部工作的内在动力，激励着他们不断提升自身能力，为群众提供更加优质的服务。

第三，强化群众意识对工作实践的指导作用

群众意识不仅仅是一种观念，更应转化为具体的行动。基层干部在工作实践中应时刻以群众利益为出发点和落脚点，确保各项决策和措施都符合群众的根本利益。这种以群众为中心的工作导向有助于提升工作的针对性和实效性，赢得群众的信任和支持。

2. 强化群众意识与宗旨观念

强化群众意识与宗旨观念是基层干部工作中至关重要的一环。保持与群众的密切联系可以帮助他们更好地理解群众的需求和期望，从而更加坚定地为群众服务、为农村发展贡献力量。这种意识和观念不仅是基层干部工作的动力源泉，也是提升工作满意度和成就感的重要因素。

基层干部应当时刻关注群众的呼声和诉求，倾听他们的意见和建议。

通过深入了解群众的生活状况、工作需求和发展期待，基层干部能够更好地指导和推动当地的工作，更好地服务于群众。只有深入群众、联系群众，才能真正做到心心相印，贴近实际，更好地解决问题，促进农村社会的全面进步。

在这个过程中，基层干部需要保持谦和的态度，始终坚持以人民为中心的发展思想，始终把为人民服务作为根本宗旨。在与群众交流和沟通时，要注意用词温和、态度亲切，不要给群众造成距离感或者压力感。

3. 提升工作能力与水平

提升工作能力与水平是基层干部必须不断追求的目标。通过与群众的密切接触，基层干部可以在实践中不断积累经验、提升能力。群众是智慧的集合体，他们中蕴藏着丰富的实践经验和创新智慧。基层干部在与群众的交流中，可以学习到许多实用的工作方法和技巧，了解到群众对政策措施的反馈和评价，从而不断反思和改进自己的工作方式和方法。

在与群众的互动中，基层干部要保持谦虚谨慎的态度，虚心向群众请教，虚心接受群众的批评和建议。在学习过程中，要注重总结经验，吸取教训，不断完善自己的工作方式和方法，提升工作效率和水平。

同时，基层干部还应注重理论学习，不断提高自身的政治素养和业务水平。只有不断学习，不断进步，才能更好地适应和应对工作中的各种挑战和困难，更好地为群众服务，推动农村社会的全面进步。

二、通过调查研究了解群众的真实想法和需求

在基层工作中，调查研究是了解群众真实想法和需求的重要手段。通过科学、系统的方法，广泛收集并深入分析群众的意见和建议，能够为制定更符合实际的工作计划和政策措施提供有力支撑。

1. 多种方式并行的调查研究

在农村社会治理工作中，调查研究是至关重要的一环，它能够帮助基层

干部深入了解群众的需求、期望和实际情况。为了确保调查研究的全面性和准确性，应该采用多种方式并行的策略。

问卷调查

问卷调查是一种高效、广泛的信息收集方法。通过设计科学合理的问卷，可以覆盖到各个年龄、职业和收入层次的群体，快速收集大量关于农村社会治理方面的信息。这些数据不仅可以用于定量分析，揭示群众需求的普遍性和差异性，还可以为制定更具针对性的政策和工作计划提供数据支持。在实施问卷调查时，需要注意问卷设计的合理性、样本选择的代表性以及数据处理的准确性，以确保调查结果的科学性和有效性。

座谈交流

与问卷调查相比，座谈交流更注重面对面的深入沟通。通过邀请特定群体的代表参与座谈，可以深入了解他们的想法、需求和关切。在座谈过程中，要营造宽松、平等的氛围，让参与者畅所欲言，充分表达自己的观点。同时，座谈交流还有助于发现潜在的问题和矛盾，为及时化解矛盾、改进工作提供重要依据。

入户访问

入户访问是一种直接、深入的信息收集方式。通过走进群众家中，与他们进行面对面的交流，可以观察到群众的生产生活环境，了解到他们最真实的想法和需求。入户访问有助于打破官民之间的隔阂，增强群众对基层干部的信任感和归属感。在入户访问时，需要保持谦逊、诚恳的态度，尊重群众的隐私和权益，确保访问过程的顺利进行。

2. 注重广泛性与代表性的平衡

第一，确保调查样本的广泛性

为了全面了解农村社会治理的现状和问题，调查研究必须覆盖不同地域、职业和年龄段的群众。通过多样化的样本选择，可以收集到更为丰富、多元的信息，避免片面性和偏见。这要求调查者在设计调查方案时，充分考虑农村社会的复杂性和多样性，确保样本的广泛性和多样性。

第二，保证样本的代表性

仅仅追求广泛性是不够的，样本还必须具有代表性。代表性意味着所选样本能够真实、准确地反映整体群众的需求和期望。为了实现这一点，调查者需要运用科学的抽样方法，确保每个子群体都有适当数量的代表参与调查。这样可以提高调查结果的可靠性和有效性，为政策制定和工作计划提供更有力的支持。

第三，平衡广泛性与代表性的关系

在实际操作中，广泛性和代表性之间可能存在一定的张力。过于追求广泛性可能导致样本过于分散，难以形成有代表性的结论；而过于强调代表性则可能忽略某些重要但较少数的群体。因此，调查者需要在两者之间找到平衡点，既确保样本的广泛性，又保证其代表性。这要求调查者具备丰富的实践经验和敏锐的洞察力，能够根据实际情况灵活调整调查策略和方法。

3. 深入分析研究，把握问题本质

在农村社会治理工作中，对收集到的群众意见和建议进行深入分析和研究是至关重要的。这一过程有助于我们更准确地把握问题的本质，为制定切实可行的解决方案提供依据。

第一，透过现象挖掘问题根源

群众的意见和建议往往是对现象的直接反映。为了深入了解问题的本质，我们需要透过这些现象，深入挖掘背后的根源和症结所在。这要求我们具备敏锐的观察力和深入的分析能力，能够准确地识别问题的核心要素和关键节点。通过对问题根源的准确把握，我们可以更加精准地制定解决方案，从根本上解决问题。

第二，归纳整理群众需求与期望

除了挖掘问题根源外，我们还需要对群众的需求和期望进行归纳和整理。这一过程有助于我们提炼出共性和规律性的东西，为制定更具针对性的工作计划提供参考。在归纳整理过程中，我们需要保持客观公正的态度，确

保所提炼出的信息能够真实反映群众的整体诉求。同时，我们还需要关注不同群体之间的差异性，确保工作计划能够满足各方面的需求。

第三，以分析结果为依据制定工作计划

在深入分析和研究的基础上，我们可以根据所把握的问题本质和群众需求，制定切实可行的工作计划。这一计划应明确具体的工作目标、任务分工和实施步骤，确保各项工作能够有序推进。同时，我们还需要保持计划的灵活性和可操作性，以便根据实际情况的变化进行适时调整。通过以分析结果为依据制定工作计划，我们可以更加精准地回应群众关切，提升农村社会治理工作的针对性和实效性。

第三节　充分发挥农村党员先锋模范作用

一、农村党员在基层工作中的重要地位和作用

1. 党的路线、方针、政策的忠实传播者和实践者

第一，深入学习和理解党的政策

农村党员通过参加党组织的学习活动、阅读党的文件资料等方式，不断加深对党的路线、方针、政策的理解和掌握。他们注重理论联系实际，将党的政策与农村实际情况相结合，形成推动工作的具体思路和措施。

第二，积极宣传党的政策

农村党员利用自身在群众中的影响力和号召力，通过多种形式向群众宣传党的政策。他们耐心解答群众的疑问和困惑，帮助群众正确理解和支持党的决策。同时，他们还注重收集群众的意见和建议，及时向党组织反映群众的心声和诉求。

第三，以身作则践行党的纪律和规定

农村党员严于律己、清正廉洁，带头遵守党的纪律和规定。他们在工作

中秉公办事、不徇私情，坚决维护党和人民的利益。同时，他们还注重发挥先锋模范作用，以自己的实际行动践行党的路线、方针、政策，为群众树立了良好的榜样。这种表率作用能够激发群众的积极性和创造力，推动农村各项工作的顺利开展。

2. 群众与党组织之间的桥梁和纽带

在农村社会中，农村党员扮演着群众与党组织之间桥梁和纽带的角色。他们凭借与群众的深厚联系，深入了解并反馈基层的真实需求和关切，为党组织与群众之间建立了紧密的联系。

农村党员身处基层，与群众同呼吸、共命运。他们通过日常的交流和互动，深入了解群众的生活状况、发展需求和所关心的热点问题。这种紧密的联系使得农村党员能够及时反馈基层的真实情况和问题，为党组织提供准确、全面的信息支持。

凭借自身的影响力和号召力，农村党员积极组织和带动群众参与农村建设和发展。他们发挥先锋模范作用，引领群众共同投身到农村各项事业中去，推动农村社会的进步和繁荣。在这一过程中，农村党员不仅传递了党的政策和理念，还激发了群众的积极性和创造力，形成了强大的发展合力。

同时，农村党员还积极向党组织反映群众的意见和建议。他们倾听群众的声音，了解群众的需求和期望，将这些信息及时、准确地传递给党组织。这为党组织制定更符合实际的政策提供了重要依据，增强了政策的针对性和实效性。

3. 维护农村社会稳定、促进农村社会和谐的重要力量

农村党员在维护农村社会稳定和促进农村社会和谐方面扮演着举足轻重的角色。他们通过积极参与矛盾调解、社会治理等工作，用自己的实际行动为农村社会的和谐稳定贡献力量。

在矛盾调解方面，农村党员深入田间地头，倾听群众的声音，了解当地的社会矛盾和纠纷。他们秉持公正、公平的原则，通过耐心细致的调解工作，

化解矛盾，促进双方和解。这种调解不仅解决了具体的矛盾问题，更在群众中树立了和谐、友善的社会风尚。

在社会治理方面，农村党员积极参与农村社会治安综合治理等工作。他们与群众紧密合作，共同维护农村社会的治安秩序。通过加强巡逻、宣传安全知识等方式，农村党员为农村社会的安全稳定提供了有力保障。他们的努力让群众感受到平安、和谐的社会氛围，增强了群众的获得感、幸福感和安全感。

此外，农村党员还通过自身的言行举止，传递着党的温暖和关怀。他们关心群众的生活疾苦，积极为群众排忧解难。在群众遇到困难时，农村党员总是第一时间伸出援手，用实际行动诠释着党的宗旨和使命。这种无私奉献的精神，深深感染了广大群众，进一步密切了党群关系。

二、发挥党员的先锋模范作用，引领群众共同前进

发挥农村党员的先锋模范作用，是推动农村工作发展的重要策略。为实现这一目标，需要从多个层面进行细致考虑和切实操作，以确保党员能够充分发挥自身优势，引领群众走向共同进步的道路。

1. 加强党员教育与管理，提升党员素质

在农村基层党建工作中，加强党员教育与管理是提升党员素质、发挥其先锋模范作用的重要举措。通过系统的教育培训和严格的管理监督，可以确保农村党员始终保持高度的政治觉悟、专业素养和责任感，为农村社会的发展稳定贡献力量。

在教育方面，定期组织农村党员学习党的路线、方针、政策是至关重要的。这有助于党员深入理解党的指导思想和发展战略，明确自身在农村社会发展中的角色与使命。同时，结合农业农村发展的实际需求，开展相关知识和技能的培训，可以进一步提升党员的专业素养和实践能力。这样的教育培训不仅增强了党员的政治素质，还为其在农村工作中发挥先锋模范作用奠定

了坚实基础。

在管理方面，建立健全的党员管理制度是确保党员始终保持高度责任感和使命感的关键。通过制定明确的党员行为规范和职责要求，加强对党员的日常监督和定期考核，可以及时发现并纠正党员队伍中存在的问题。同时，对于表现优秀的党员给予表彰和奖励，树立典型，激励广大党员向先进看齐。这样的管理制度不仅有助于提升党员的自我约束意识和组织纪律性，还能为群众树立良好的榜样形象。

2. 设立示范岗，展示党员先进性

在农村工作中，为党员提供发挥作用的平台和机会，是激发其积极性和创造力的关键。设立党员示范岗便是一种行之有效的方法，它不仅能够让党员在农业生产、农村环境整治等领域担任重要角色，更能通过他们的实际行动展示党员的先进性和模范作用。

党员示范岗的设立，是对党员身份和先进性的一种认可和肯定。在这些岗位上，党员们以身作则，带头遵守党的纪律和规定，积极践行党的路线、方针、政策。他们用自己的辛勤劳动和无私奉献，为群众树立了良好的榜样，传递了党的温暖和关怀。

在农业生产领域，党员示范岗的设立能够充分发挥党员的先锋模范作用。党员们通过推广先进的农业技术和经验，帮助群众提高农业生产效益，促进农村经济的发展。他们的示范作用，不仅激发了群众的参与热情和学习动力，更为农村农业的现代化转型注入了新的活力。

在农村环境整治领域，党员示范岗同样发挥着重要作用。党员们积极参与环境整治工作，带头改善农村人居环境，推动农村生态文明建设。他们的实际行动，让群众看到了党员的责任担当和奉献精神，进一步增强了群众对党的信任和支持。

3. 组织志愿服务活动，深化党群联系

在农村工作中，组织党员参与志愿服务活动是一种深化党群联系、增进相互理解的有效方式。通过扶贫帮困、科技推广等具体活动，党员能够更直

接地接触群众，了解他们的日常生活和真实需求，从而建立更加紧密的情感纽带。

在扶贫帮困活动中，党员们深入田间地头、走进困难家庭，用实际行动为群众送去党的关怀和温暖。他们不仅提供物质上的帮助，还给予精神上的慰藉和鼓励，让群众感受到党的时刻在身边的支持。这种面对面的交流和互动，极大地增强了群众对党的认同感和归属感。

在科技推广活动中，党员们积极向群众传授先进的农业技术和科学知识，帮助他们提高生产效率和经济效益。通过现场示范、答疑解惑等方式，党员们将复杂的科技知识变得简单易懂，让群众在轻松愉快的氛围中掌握新知识、新技能。这种寓教于乐的方式不仅提升了群众的科学素养，还为他们打开了通往现代化农业的大门。

这些志愿服务活动不仅让党员们更加了解群众的需求和关切，也让他们有机会用实际行动践行党的宗旨和理念。通过为群众解决实际问题、提供实实在在的帮助，党员们赢得了群众的广泛赞誉和衷心拥护。同时，这些活动也激发了群众的积极性和创造力，他们纷纷加入志愿服务队伍中来，与党员们并肩作战、共建美好家园。

三、加强对农村党员的教育和管理，提高其素质和能力

1. 建立完善的党员教育机制

在农村基层党建工作中，为确保农村党员能够持续、系统地接受党的理论和政策教育，建立一套完善的教育机制显得尤为重要。这不仅有助于提升党员的政治觉悟和业务能力，还能为农村社会的和谐稳定和发展提供坚实的思想保障。

首先，定期组织专题党课是教育机制的重要组成部分。通过邀请专家学者或优秀党员进行授课，可以确保农村党员及时、准确地了解党的最新理论和政策动态。这种集中式的学习方式，有助于党员系统地掌握党的知识和理

论，加深对党的认识和理解。

其次，学习交流会等形式在教育机制中也发挥着重要作用。通过鼓励党员之间分享学习心得和实践经验，可以形成互动学习的良好氛围。这种横向的知识传递和经验共享，有助于党员相互启发、共同进步。

最后，利用现代远程教育平台也是完善教育机制的重要途径。这种教育方式可以为农村党员提供更为便捷、灵活的学习资源，帮助他们随时随地进行自我提升。远程教育平台不仅能打破时间和空间的限制，还能根据党员的实际需求提供个性化的学习内容，从而提高教育的针对性和实效性。

2. 加强对农村党员的管理和监督

在农村基层党建工作中，加强对农村党员的管理和监督是确保党员队伍先进性和纯洁性的重要举措。通过建立健全的党员管理制度，明确党员的权利和义务，规范他们的日常行为和工作职责，可以有效提升农村党员的素质和能力，为农村社会的发展稳定贡献力量。

首先，建立健全的党员管理制度是关键。这一制度应明确党员的基本权利和义务，为他们的日常行为和工作职责提供明确的指引。通过规范党员的行为，可以确保他们在农村社会中发挥先锋模范作用，引领群众共同前进。

其次，民主评议党员是加强对农村党员管理和监督的有效方式。通过定期组织民主评议活动，可以对党员的表现进行客观、公正的评价和反馈。这不仅有助于及时发现并纠正党员队伍中存在的问题，还能激励党员们不断提升自身的素质和能力。

最后，实行党员积分管理等制度也是一种创新的管理方法。在这一制度下，表现优秀的农村党员可以获得积分奖励或荣誉表彰，这将进一步激发他们的积极性和创造力。同时，对表现不佳的党员进行约谈、提醒或帮扶，有助于他们认清自身存在的问题并加以改进。这种奖惩分明的管理方式，将在农村党员队伍中形成积极向上的良好氛围。

3.强化实践锻炼和示范引领

在农村基层党建工作中，强化实践锻炼和发挥示范引领作用，是提升农村党员素质和能力的重要策略。通过组织多样化的实践活动和树立优秀典型，可以有效激发党员的积极性和创造力，推动农村社会的和谐稳定和发展。

首先，实践锻炼是提升农村党员素质和能力的重要途径。应积极组织农村党员参与扶贫帮困、环境整治、产业发展等实践活动，让他们深入基层、深入群众，锤炼党性、增长才干。在这些实践活动中，党员们可以亲身体验农村社会的真实情况，了解群众的需求和关切，从而提升自身的群众观念和服务意识。同时，通过解决实际问题、推动具体工作，党员们还可以锻炼自己的组织协调能力和解决实际问题的能力。

其次，发挥优秀党员的示范引领作用至关重要。应注重从农村党员中发现和树立先进典型，通过宣传他们的事迹和经验，激励其他党员向先进看齐、向优秀学习。优秀党员的示范引领作用，可以形成比学赶超的良好氛围，推动农村党员队伍整体素质的提升。同时，优秀党员的先进事迹还能为群众树立良好的榜样，增强群众对党的信任和支持。

第四节　推动农村党组织党风廉政建设

一、党风廉政建设在农村工作中的重要性

1.保持党的先进性和纯洁性的基石

在农村工作中，党风廉政建设被视为确保党组织始终保持其先进性和纯洁性的核心环节。这一建设的深入推进，不仅有助于农村党组织及时自察并纠正组织内部及党员个体可能存在的问题，更在有效预防和遏制腐败现象方面发挥着不可替代的作用。

党风廉政建设的加强，实质上是对党的健康肌体进行的一次全面而深入的体检。通过细致入微的审查与监督，农村党组织能够及时发现那些潜藏在组织内部的隐患，进而采取有力措施予以根除。这种自我净化、自我完善的过程，对于确保党始终站在时代前列、引领农村工作不断取得新成就具有至关重要的意义。

同时，党风廉政建设也是党与人民群众保持血肉联系的重要纽带。通过坚决打击腐败现象，农村党组织能够赢得广大群众的信任和支持，进一步巩固党的执政基础。这种信任和支持，不仅来源于党对腐败的零容忍态度，更得益于党风廉政建设所带来的清新政治生态。

此外，党风廉政建设还在推动农村工作中发挥着积极的引领作用。通过树立正面典型、弘扬新风正气，农村党组织能够激发广大党员和群众的积极性和创造力，共同推动农村社会的和谐稳定与发展繁荣。这种引领作用，不仅体现在对党员个体的激励上，更在于对整个农村社会风气的正向引导。

2. 提升党的执政能力和领导水平的重要途径

在农村工作中，党风廉政建设被深视为提高党组织执政能力和领导水平的关键途径。通过持续加强党风廉政建设，农村党组织不仅能够显著提升自身的工作作风，还能够确保工作效率和服务质量得到全面提高，从而进一步增强党组织的内部凝聚力和整体战斗力。

具体而言，党风廉政建设的推进有助于农村党组织形成更加务实、高效的工作风格。在这一过程中，党组织成员将更加注重实际问题的解决，减少形式主义和官僚主义等不良现象的发生。这种转变不仅提高了工作效率，也使得党组织能够更加贴近群众，更好地了解并满足他们的实际需求。

同时，党风廉政建设还有助于提升农村党组织的服务质量。通过加强党员的教育和管理，党组织能够培养出一支更加专业、更有责任心的党员队伍。这些党员在日常工作中将更加注重服务群众，以实际行动赢得群众的认可和支持。

此外，党风廉政建设的加强还能够显著增强农村党组织的凝聚力和战斗

力。通过及时发现并纠正组织内部的问题，党组织能够保持自身的纯洁性和先进性，进而在面对各种挑战和困难时展现出更加坚定的决心和更强的战斗力。

3. 维护农村社会稳定与促进经济发展的有力保障

在农村社会的发展进程中，党风廉政建设扮演着举足轻重的角色，它不仅是维护农村社会稳定的有力抓手，也是促进农村经济发展的重要保障。一个风清气正的政治生态，能够为农村社会的和谐稳定与经济的持续繁荣提供坚实的政治支撑。

首先，党风廉政建设有助于营造一个公平、公正、透明的社会环境。通过加强党风廉政教育、完善监督机制，能够有效遏制腐败现象的滋生，确保权力在阳光下运行。这种公正透明的社会环境，能够增强群众的法治意识和信任感，为农村社会的稳定奠定坚实基础。

其次，党风廉政建设能够激发群众的积极性和创造力。当群众看到党员干部以身作则、廉洁奉公时，他们会更加信任和支持党的领导，从而更加积极地投身到农村经济建设中去。这种积极性和创造力的释放，将为农村经济的发展注入源源不断的动力。

最后，党风廉政建设对推动农村经济持续健康发展具有深远影响。一个廉洁高效的政府能够更好地配置资源、优化政策环境，为农村经济的转型升级提供有力支持。同时，良好的党风政风还能够吸引更多的投资和企业入驻，进一步推动农村经济的繁荣发展。

4. 树立党的良好形象与巩固执政基础的重要举措

在农村的广阔天地中，党组织和党员的形象与作为，无疑成为群众认识党的最直观窗口。为此，推动农村党组织的党风廉政建设，便显得尤为重要。它不仅是树立党的良好形象的关键一环，更是巩固执政基础、深化与群众血肉联系的重要举措。

党风廉政建设，其实质在于通过一系列制度建设和实践活动，确保党组织和党员始终坚守党的宗旨，保持清正廉洁的政治本色。在农村这一基层阵地，党风廉政建设的推进能够直接回应群众关切，解决群众身边的腐败和作风问题，从而展示党对自身建设的高度重视和坚定决心。

当群众看到党组织和党员以实际行动践行党的宗旨，坚决同腐败现象做斗争时，他们自然会增强对党的信任和支持。这种信任和支持，是党的执政基础的重要组成部分。在农村工作中，只有赢得了群众的真心拥护，党的各项方针政策才能得到有效落实，农村工作才能不断取得新的突破。

同时，党风廉政建设还有助于提升党的整体形象。一个风清气正、纪律严明的党，必然能够在群众中树立起崇高的威信。这种威信不仅来源于党的正确领导，更来源于党组织和党员在日常工作中的廉洁自律和无私奉献。当群众对党充满敬意和信赖时，党的执政地位自然会更加稳固。

因此，推动农村党组织党风廉政建设，不仅是党的自身建设的内在要求，更是树立党的良好形象、巩固执政基础的重要举措。通过持续不断地加强这一建设，我们有理由相信，党在农村的执政根基将会更加深厚，农村工作也将迎来更加美好的明天。

二、基层干部在推动党风廉政建设中的责任和作用

基层干部是推动农村党组织党风廉政建设的重要力量，他们的责任和作用体现在以下几个方面：

1. 以身作则，树立廉洁自律的榜样

在党风廉政建设中，基层干部的角色至关重要。他们不仅是党的方针政策的执行者，更是党员和群众身边的直接榜样。因此，基层干部必须以身作则，自觉遵守党的纪律和规定，展现出清正廉洁的良好形象。

基层干部的言行举止对党员和群众具有极强的示范效应。他们的每一个决定、每一次行动，都在无形中影响着身边的人对党的看法和态度。因此，保持清正廉洁的作风，不仅是基层干部的个人修养问题，更是关乎党的形象和执政基础的大问题。

通过树立廉洁自律的榜样，基层干部能够在党员和群众中传递出正能量的价值观。当群众看到基层干部始终坚守原则、不为任何诱惑所动时，他们自然会增强对党的信任和支持。这种信任和支持是党的执政基础的重要组成部分，也是推动党风廉政建设工作不断向前发展的强大动力。

此外，基层干部的廉洁自律还能够促进良好的社会风气的形成。当基层干部以身作则、带头践行党风廉政建设各项要求时，广大党员和群众也会自觉跟随，共同营造出一个风清气正的社会环境。这种环境不仅有利于党的执政地位的巩固，更有利于社会的和谐稳定和经济的持续发展。

因此，基层干部必须深刻认识到自身在党风廉政建设中的重要作用，时刻以高标准严要求来约束自己的言行，真正成为党员和群众心中的廉洁自律典范。只有这样，我们才能共同推动党风廉政建设工作不断取得新的成效，为党的事业发展和社会进步贡献自己的力量。

2. 履行教育、管理和监督职责，确保党员队伍的纯洁性

在农村党组织中，基层干部肩负着至关重要的责任，其中之一便是对党员的教育、管理和监督。这一职责的履行，不仅关乎党员个体的成长与发展，更是维护整个党员队伍纯洁性和先进性的关键所在。

在教育方面，基层干部应定期组织党员学习党的理论和政策法规。通过系统的学习，党员们能够更深入地理解党的宗旨、方针和政策，进而提升自身的思想政治素质和道德水平。这种学习不仅有助于增强党员的党性修养，更能确保他们在日常工作中始终坚守党的原则，发挥先锋模范作用。

在管理方面，基层干部要加强对党员的日常管理。这包括了解党员的思想动态、工作表现和生活情况，及时发现并解决存在的问题。通过细致入微的管理，基层干部能够确保党员队伍始终保持良好的精神风貌和工作状态，为农村党组织的各项工作提供有力支持。

在监督方面，基层干部要切实履行监督职责。他们应密切关注党员的行为表现，对违法违纪行为保持零容忍态度。一旦发现违法违纪行为，基层干部应立即采取措施予以纠正，并按照党的纪律和规定进行严肃处理。这种严

格的监督，不仅是对违法违纪者的惩戒，更是对整个党员队伍的警示和教育。

3. 积极参与反腐倡廉工作，营造风清气正的政治生态

在农村社会的广袤天地中，基层干部作为党的忠诚代表和坚实支柱，肩负着营造风清气正政治生态的重任。他们深知，反腐倡廉工作是维护党的纯洁性、确保农村政治生态清朗的关键一环。

面对农村社会中可能潜藏的腐败现象和不正之风，基层干部保持着高度的警觉和敏锐。他们通过日常工作和群众交流，细心捕捉各种问题的苗头和线索，及时向上级党组织汇报反映，确保问题能够得到迅速而有效的处理。这种对腐败现象的零容忍态度，彰显了基层干部坚决维护党的纯洁性的坚定决心。

在反腐倡廉工作中，基层干部不仅仅是问题的发现者，更是积极的参与者和推动者。他们紧密配合有关部门，深入调查问题根源，为案件的查处提供有力支持。同时，他们还积极参与到制度建设和政务公开的进程中，通过完善制度、增加透明度等措施，从源头上预防和减少腐败现象的发生。这种全方位的参与和推动，为农村政治生态的持续改善注入了强大动力。

基层干部的努力和付出，为农村社会营造了一个公平、公正、廉洁的社会环境。在这个环境中，权力运行更加规范透明，公正廉洁成为每个人的自觉追求。这种风清气正的政治生态，不仅提升了群众对党的信任和拥护程度，更为农村社会的和谐稳定和经济发展提供了坚实保障。

可以说，基层干部通过积极参与反腐倡廉工作，为农村政治生态的持续改善做出了重要贡献。他们的实际行动和坚定决心，让我们看到了党的纯洁性和先进性在农村大地的生动体现，也让我们对未来充满了信心和期待。

三、加强制度建设，提高基层干部的廉洁自律意识

1. 建立健全各项规章制度和监督机制

在推进农村党组织党风廉政建设的征程中，建立健全各项规章制度和监

督机制显得尤为重要。这不仅是确保权力规范运行的基石，也是维护风清气正政治生态的重要保障。

在规章制度方面，我们应着重完善权力运行机制，确保权力在阳光下运行，从根本上杜绝暗箱操作和权力滥用的可能性。通过明确权力边界、规范权力运行流程，我们能够构建一个公开、透明、高效的权力运行环境，为农村党组织的各项工作提供坚实的制度支撑。

同时，监督机制的建立和完善同样不容忽视。有效的监督是防止权力滥用和腐败滋生的关键所在。为此，我们应设立畅通的举报渠道，鼓励和保护群众积极参与监督，让违法违纪行为无处遁形。此外，加强审计监督也是必不可少的一环，通过定期对农村党组织的财务收支、政策执行等情况进行审计，我们能够及时发现问题、纠正偏差，确保农村党组织的各项工作始终沿着正确的轨道前行。

这些规章制度和监督机制的建立，将共同构筑起农村党组织党风廉政建设的坚固堡垒。在这个堡垒的保护下，农村党组织的各项工作将更加规范有序，基层干部的行为将更加廉洁自律，农村政治生态也将更加风清气正。我们坚信，通过这些制度的持续发力和不断完善，农村党组织党风廉政建设将不断取得新的成效，为农村社会的和谐稳定和经济发展提供更为坚实的保障。

2. 加大对基层干部的教育培训力度

在农村党组织党风廉政建设中，加大对基层干部的教育培训力度，是提升他们廉洁自律意识、构筑思想防线的关键举措。通过精心组织的教育培训活动，我们能够为基层干部注入持续不断的清流，助力他们成长为党和人民信赖的忠诚卫士。

为了有效提升基层干部的廉洁自律意识，定期的教育培训活动显得尤为重要。这些活动应涵盖党的纪律、国家法律以及职业道德等多方面的内容，确保基层干部能够全面、深入地理解廉洁自律的内涵和要求。通过系统的学习和交流，基层干部能够逐渐树立正确的权力观、利益观和政绩观，明确自身的职责和使命，坚守为人民服务的初心。

在教育培训过程中，结合实际案例进行警示教育是一种行之有效的方法。通过剖析典型案例，让基层干部深刻认识到违法违纪行为的严重后果和危害，从而自觉做到警钟长鸣、廉洁自律。这种直观、生动的教育方式，往往能够给基层干部留下深刻的印象，起到事半功倍的效果。

此外，增强基层干部的法治意识和道德水平也是教育培训的重要目标。通过学习相关法律法规和道德规范，基层干部能够更好地运用法治思维和法治方式开展工作，确保各项决策和行为都符合法律和道德的要求。这种法治精神和道德力量的双重加持，将为农村党组织的党风廉政建设提供坚实的思想保障。

3. 严格落实责任追究制度

在农村党组织党风廉政建设中，严格落实责任追究制度是一项至关重要的工作。对于任何违法违纪行为，我们都必须依法依规进行处理，绝不允许有丝毫的姑息和迁就。

责任追究制度的严格落实，意味着对失职渎职、滥用职权等行为的严肃查处。当基层干部在工作中出现失职渎职、滥用职权等行为时，必须依照党纪国法进行严肃处理，确保责任得到追究，正义得到伸张。这种严肃查处的态度，不仅能够起到警示教育的作用，让基层干部时刻保持清醒头脑和高度警惕，更是对党的执政基础的巩固和群众基础的加强。

通过严肃查处违法违纪案件，我们可以进一步彰显党对腐败行为的零容忍态度。这种零容忍的态度，是对党的纯洁性的坚决维护，也是对人民群众利益的坚定保护。当违法违纪行为受到严厉打击时，人民群众会看到党的决心和力量，从而更加信任和支持党的工作。

此外，严格落实责任追究制度还能够推动农村党组织党风廉政建设向纵深发展。通过对违法违纪行为的查处，我们能够及时发现问题、纠正错误，推动农村党组织的各项工作更加规范、有序。这种正向的推动作用，将为农村党组织的党风廉政建设注入新的动力，推动其不断向更高水平迈进。

第五节　动员和带领群众巩固拓展脱贫攻坚成果同乡村振兴有效衔接

一、脱贫攻坚与乡村振兴之间的内在联系

脱贫攻坚与乡村振兴之间，存在着深厚的内在联系，它们相互支撑、相互推进，共同描绘出我国农村发展的壮丽蓝图。

1. 脱贫攻坚为乡村振兴奠定坚实基础

脱贫攻坚战略，作为我国对贫困人口深厚情感与切实行动的体现，已在全国范围内取得了显著成效。通过实施精准扶贫、精准脱贫的策略，众多贫困人口成功跨越了贫困的鸿沟，他们的基本生活得到了有力保障，生活质量也得到了显著提升。

这一战略的实施，不仅让贫困人口感受到了社会的温暖与关怀，更为重要的是，它为整个农村地区注入了新的生机与活力。随着贫困人口的逐渐减少，农村地区的社会经济发展环境得到了显著改善，各项基础设施建设、公共服务水平以及居民的整体素质都有了明显的提升。

脱贫攻坚所取得的这些显著成果，无疑为乡村振兴战略的推进奠定了坚实的基础。在产业方面，随着农村地区的整体发展，各类产业特别是农业产业得到了快速发展，农产品加工业、乡村旅游业等新兴产业也蓬勃兴起，为农村经济发展注入了新的动力。在文化方面，农村地区的传统文化得到了更好的保护与传承，现代文明理念也逐渐深入人心，乡村社会文明程度得到了显著提升。在生态方面，农村地区的生态环境得到了有效保护，绿色、低碳、循环的发展理念日益深入人心，农村地区的可持续发展能力得到了显著增强。

2. 乡村振兴是脱贫攻坚的延续与深化

脱贫攻坚，这一国家战略的实施，深刻体现了我国对改善贫困人口生活状况的不懈追求和切实努力。通过细致入微的精准扶贫策略，我们有效地帮助贫困人口摆脱了长期以来的贫困束缚，确保了他们基本生活的稳定和持续。

这一重大成就的取得，不仅为贫困人口带来了实实在在的生活改善和希望之光，而且也为广大农村地区注入了新的活力和发展机遇。随着贫困人口的减少和生活水平的提升，农村地区的社会经济面貌开始发生深刻变化。

脱贫攻坚的显著成效，为乡村振兴战略的实施奠定了坚实的基础。在产业发展方面，农村地区的传统农业得到了优化升级，新型农业经营主体蓬勃发展，农产品加工业和乡村旅游业等新兴产业也如雨后春笋般崭露头角。这些变化不仅提升了农村经济的整体实力，也为农民提供了更多元化的增收渠道。

在文化振兴方面，脱贫攻坚推动了农村地区文化设施的完善和文化活动的丰富。乡村文化开始焕发新的生机，传统民俗得到传承和弘扬，现代文明理念也逐渐融入农村生活。这些变化不仅提升了农民的精神风貌，也为乡村社会注入了更多的文化内涵和活力。

在生态振兴方面，脱贫攻坚与生态保护相结合，推动了农村地区的绿色发展。通过实施生态补偿、发展生态产业等措施，农村地区的生态环境得到了有效改善。山清水秀、田园风光的美丽画卷开始在农村徐徐展开，为乡村振兴战略的深入实施提供了坚实的生态支撑。

二、基层干部在动员和带领群众中的关键作用

1. 政策宣传的贴心人

在脱贫攻坚取得显著成效的基础上，乡村振兴战略应运而生，它是对前一阶段成果的延续，更是对农村发展目标的深化与拓展。这一战略不仅继续关注贫困人口的福祉，更将视野放宽至整个农村地区的全面进步与繁荣。

乡村振兴的核心在于推动农村经济社会的全面发展。为实现这一目标，

战略中提出了多项具体举措，如加强基础设施建设、提升公共服务水平、发展现代农业与乡村旅游等。这些措施旨在从多个维度激发农村地区的内在活力，促进其产业、生态、文化及治理等各方面的全面提升。

在产业发展方面，乡村振兴注重培育农村地区的内生增长动力。通过发展现代农业，引入先进技术与管理模式，提升农业生产效率与产品品质，进而增强农产品的市场竞争力。同时，积极挖掘乡村特色资源，发展乡村旅游等新兴产业，为农村经济注入新的活力。

在生态建设方面，乡村振兴坚持绿色发展理念。通过加强农村环境治理与保护，推动农业生产方式的绿色转型，打造生态宜居的美丽乡村。这不仅有助于提升农民的生活质量，也为农村地区的可持续发展奠定了坚实基础。

在文化传承方面，乡村振兴注重保护与弘扬农村地区的传统文化。通过加强农村思想道德建设和公共文化建设，提升乡村社会的文明程度与文化自信。这不仅有助于丰富农民的精神生活，也为乡村社会的和谐稳定提供了文化支撑。

在治理现代化方面，乡村振兴强调创新农村社会治理模式。通过推动乡村治理体系与治理能力的现代化，提升农村地区的公共服务水平与治理效能。这有助于构建更加公正、高效、有序的乡村治理新格局，为农村地区的长远发展提供坚实保障。

2. 组织群众的建设者

在乡村振兴的宏伟画卷中，基层干部扮演着引领者与群众力量凝聚者的双重角色，他们以卓越的组织能力和深厚的群众基础，为乡村的全面发展注入了源源不断的活力。

深知乡村的振兴离不开科学规划与有效实施，基层干部紧密结合当地自然、经济、文化等多方面的实际情况，精心制定了一系列切实可行的发展规划和实施方案。这些规划不仅注重基础设施的完善，还着眼于生态环境的保护与提升，更致力于推动乡村产业的持续发展与文化传承的深入人心。

而在规划落地的过程中，基层干部更是充分发挥了组织群众的优势，广泛动员群众积极参与到乡村振兴的各个环节中来。他们深知，乡村振兴不是少数人的事业，而是需要广大群众的共同参与和努力。因此，无论是修建道路、整治环境，还是发展特色农业、传承乡土文化，都能看到基层干部带领群众忙碌的身影。

在这一过程中，基层干部不仅是任务的分配者和工作的监督者，更是群众智慧的汇聚者和力量的凝聚者。他们善于倾听群众的意见和建议，尊重群众的首创精神，鼓励群众在实践中探索和创新。这种以人民为中心的工作理念，不仅激发了群众的积极性和创造力，也增强了群众的获得感和幸福感。

可以说，在乡村振兴的道路上，基层干部用他们的实际行动诠释了什么是真正的引领者和群众力量的凝聚者。他们的付出和努力，不仅让乡村焕发出新的生机和活力，也为实现乡村全面振兴奠定了坚实的基础。

3. 群众利益的代言人

在广大农村地区，基层干部不仅是政策的执行者，更是群众利益的守护者与传达者。他们深知，群众的每一件小事，都牵动着他们的心，关乎着他们的幸福感和安全感。因此，他们始终将群众的利益放在首位，用实际行动去倾听、去理解、去解决群众的诉求和困难。

为了更深入地了解群众的需求和关切，基层干部经常深入田间地头、农户家中，通过走访调研、召开座谈会等方式，与群众面对面交流，心贴心沟通。他们耐心听取群众的意见和建议，认真记录群众的诉求和期待，确保每一项需求都能得到及时回应。

同时，基层干部还积极充当群众与政府之间的桥梁，及时向有关部门反映群众的诉求和关切，并努力争取政策支持。他们不仅关注群众当前的困难，更着眼于长远的发展，努力为群众争取更多的资源和机会。

在他们的不懈努力下，许多涉及群众切身利益的问题得到了有效解决。无论是基础设施建设、教育资源配置，还是医疗保障、环境保护，都能看到基层干部为群众争取权益的身影。这些实实在在的成果，让群众真切感受到了党和政府的关怀与温暖，也极大地提升了他们的获得感、幸福感和

安全感。

更为重要的是，基层干部的这种努力和担当，为农村发展营造了更加稳定、和谐的社会环境。他们用自己的实际行动，传递着党和政府对群众的深厚感情，也激发着群众更加积极地参与到农村发展中来。可以说，基层干部是群众利益的忠实守护者和有力传达者，他们的付出和努力，为农村地区的繁荣稳定奠定了坚实的基础。

三、有效衔接脱贫攻坚与乡村振兴工作

1. 构建顺畅的工作机制

为实现脱贫攻坚与乡村振兴的有效衔接，基层干部应着力构建一套顺畅的工作机制。这一机制应明确各项工作的具体责任、任务分工和实施步骤，确保各项工作有序推进。同时，加强部门之间的沟通协作，实现信息共享和资源整合，形成工作合力。通过这样的工作机制，可以确保脱贫攻坚与乡村振兴之间的平稳过渡，为农村持续发展奠定坚实基础。

2. 强化对脱贫地区和人口的后续扶持

在脱贫攻坚取得显著成效的基础上，为防止脱贫人口返贫，基层干部需持续关注脱贫地区和人口的发展状况。他们应制定并实施一系列后续扶持政策，包括提供就业帮扶、产业扶持以及教育和医疗等方面的支持。这些措施旨在确保脱贫地区和人口在稳定脱贫的基础上，逐步实现经济社会的全面发展，为乡村振兴奠定坚实基础。

3. 推动农村产业的转型升级和创新发展

乡村振兴的核心在于产业振兴。为实现这一目标，基层干部应结合当地资源优势和产业基础，积极引导和支持农民发展特色产业、现代农业和乡村旅游等新兴产业。通过推动农村产业的转型升级和创新发展，可以培育新的经济增长点，为乡村振兴注入新的动力和活力。同时，这也有助于提升农村地区的整体经济实力和竞争力，为农民创造更多就业机会和增收途径。

第六章　农村基层党员教育与管理

第一节　农村党员干部队伍现状

一、基本情况概述

农村党员干部队伍，作为党的基层组织的中坚力量，始终肩负着推动农村进步、维护社会和谐的重要职责。当前，这支队伍整体展现出了积极向上的精神风貌，为农村的改革与发展贡献了显著力量。

1.队伍结构特点

农村党员干部队伍，作为乡村振兴和农村社会稳定的重要力量，其结构特点呈现出多元且富有活力的态势。在这支队伍中，我们可以观察到两个鲜明的群体：一是具备现代农业知识和技能的新型农民党员，二是深受群众尊敬的老党员和老干部。

首先，新型农民党员是农村党员干部队伍中的一股清流。他们通常具有较高的文化水平，掌握了一定的农业技术，并擅长经营管理。这些新型农民党员活跃在田间地头，不仅通过辛勤劳动为农村的经济发展做出了贡献，更重要的是，他们勇于探索、敢于创新的精神激发了群众的致富热情。在他们的带领下，越来越多的农民开始尝试新的种植技术、养殖方法，或是拓展农产品的销售渠道，共同开辟了一条条通往富裕的道路。

其次，老党员和老干部则是农村党员干部队伍中的宝贵财富。他们在农村工作了几十年，对农村的情况和农民的需求了如指掌。他们不仅有着深厚

的群众基础，还积累了丰富的工作经验。在处理农村复杂的社会问题时，他们往往能够凭借其威望和经验，化解矛盾，维护稳定。同时，他们也是传承党的优良传统和作风的重要载体，通过言传身教，将党的宗旨和理念传递给年轻一代的党员干部。

2. 面临的新挑战

随着时代的不断前进和社会的日新月异，农村党员干部队伍在履行职责和推动农村发展中，确实遇到了一些新的挑战。这些挑战主要来源于外部环境的快速变化以及队伍内部结构的调整。

首先，市场经济和现代农业技术的飞速发展对农村党员干部提出了新的要求。传统的农业耕作方式和管理模式已经难以适应现代农业发展的需要，而一些党员干部由于思想观念相对保守，对新事物、新理念的接受速度较慢，这在一定程度上制约了农村经济的发展。例如，面对新兴的电子商务、智慧农业等现代农业模式，部分党员干部可能感到力不从心，难以有效引导和帮助群众参与其中。

其次，农村党员干部队伍的老龄化和文化程度偏低问题也逐渐凸显出来。在一些地区，由于历史原因和人才流失，党员干部队伍的整体年龄偏大，知识结构相对陈旧，这在一定程度上影响了队伍的战斗力和创新能力。同时，随着农村社会的不断发展，群众对党员干部的期望也在不断提高，他们希望党员干部能够具备更高的文化素养和更强的服务能力。

3. 存在的问题与不足

在农村党员干部队伍中，确实存在一些亟待解决的问题和不足，这些问题需要我们进行客观、深入的剖析。

第一，部分党员干部在发挥先锋模范作用上尚显不足。作为党员干部，理应成为群众的表率和引领者，但在实际工作中，一些党员干部的先锋模范作用并不明显。他们可能缺乏足够的创新意识和开拓精神，难以带领群众探索新的致富途径。或者在面对困难和挑战时，缺乏足够的勇气和担当精神，无法为群众树立榜样。

第二，部分党员干部带领群众致富的能力有待提高。致富是农村地区发展的重要目标之一，而党员干部在这方面扮演着关键角色。然而，一些党员干部可能由于知识结构、经验等方面的限制，难以提供有效的致富指导和帮助。他们可能缺乏市场经济知识、农业技术等方面的专业素养，无法为群众提供有针对性的建议和支持。

第三，部分党员干部在处理复杂矛盾和问题时表现出经验不足或方法不当。农村地区的社会问题往往复杂多样，需要党员干部具备丰富的经验和得当的处理方法。然而，一些党员干部可能由于工作经验不足或处理问题的方法不当，导致矛盾激化或问题难以得到有效解决。这不仅会损害党员干部的形象和威信，也会影响党在农村地区的领导力和影响力。

二、加强队伍建设的必要性和紧迫性

1. 提升党的执政能力的必然要求

加强农村党员干部队伍建设，对于提升党的执政能力、推动农村发展具有重要意义。

第一，提升党的执政能力的必然要求。农村党员干部是党在农村地区的重要代表，他们肩负着贯彻执行党的路线、方针、政策的重要使命。只有具备高素质的农村党员干部队伍，才能确保党的各项决策部署在农村地区得到有效落实，进而提升党的执政能力。因此，加强农村党员干部队伍建设，提高他们的政治觉悟、业务能力和工作水平，是提升党的执政能力的必然要求。

第二，推动农村经济社会发展的迫切需要。农村党员干部是推动农村经济社会发展的关键力量。他们具备丰富的农业知识和实践经验，能够带领群众共同探索致富之路。然而，当前农村党员干部队伍中存在一些问题，如部分党员干部素质不高、能力不强等，制约了农村经济社会的发展。因此，加强农村党员干部队伍建设，提升他们的综合素质和领导能力，是推动农村经

济社会发展的迫切需要。

第三，应对复杂农村社会问题的现实需要。随着农村社会结构的变化和利益格局的调整，农村社会问题日益复杂化。一些农村地区存在社会矛盾激化、治安问题突出等问题，给党的执政和农村社会稳定带来挑战。因此，加强农村党员干部队伍建设，提高他们的社会治理能力和应对复杂问题的能力，是应对复杂农村社会问题的现实需要。

2. 推动农村持续发展的迫切需要

在当下我国农村的发展进程中，正经历着由传统农业向现代农业的重大转型。这一历史性变革不仅带来了前所未有的机遇，也伴随着诸多挑战。为了适应并引领这一变革，农村迫切需要一批既懂农业技术，又深谙农村实际，更对农民怀有深厚情感的党员干部来发挥关键作用。

首先，随着农业科技的飞速发展，现代农业对从业者的知识和技能要求日益提高。这就要求农村党员干部必须不断更新自己的农业知识，掌握先进的农业技术和管理方法，以便能够指导农民科学种植、合理施肥、有效防治病虫害，从而提高农作物的产量和品质，增加农民的经济收入。

其次，农村党员干部还需要对农村的经济、社会、文化等各个方面有深入的了解和把握。只有这样，他们才能制定出符合农村实际的发展规划，推动农村产业结构的优化升级，引导农民发展多种经营、拓宽增收渠道。同时，他们还需要关注农村的基础设施建设、生态环境保护、公共服务提升等问题，为农民创造一个宜居宜业的美好环境。

最后，农村党员干部要始终保持对农民的深厚情感，把农民的利益放在首位，全心全意为农民服务。他们要深入了解农民的需求和期盼，积极反映农民的呼声和意愿，为农民排忧解难、办实事好事。只有这样，他们才能赢得农民的信任和支持，带领农民共同推动农村的持续发展。

因此，加强农村党员干部队伍建设，提升他们的专业素养和领导能力，对于推动农村经济发展、促进农民增收致富、加快农村现代化建设步伐具有十分重要的意义。这是推动农村持续发展的迫切需要，也是实现乡村振兴战略的关键所在。

3. 维护社会和谐稳定的重要保障

农村，作为社会的基本构成单元，其内部的和谐与稳定对于整个社会的安宁具有深远的影响。在这一重要领域中，农村党员干部扮演着举足轻重的角色。他们身处基层，是连接党和群众的关键桥梁，其工作表现直接关系到农村社会的和谐与稳定。

首先，农村党员干部在化解社会矛盾中发挥着不可替代的作用。面对农村社会中可能出现的各种问题和纠纷，他们需要凭借自身的权威和影响力，以及公正、公平的处理方式，及时介入并妥善解决。这不仅能够防止小问题演变成大矛盾，还能在群众中树立党的良好形象，增强群众对党的信任和支持。

其次，农村党员干部在维护农村社会稳定中也扮演着重要角色。他们通过深入群众、了解民情，能够及时发现并消除影响农村稳定的各种隐患。同时，他们还通过宣传党的政策和主张，增强群众的法律意识和道德观念，引导群众自觉维护农村社会的和谐与稳定。

最后，农村党员干部的服务群众能力也是维护农村社会和谐稳定的关键因素。他们通过为群众提供高效、优质的服务，解决群众在生产生活中遇到的各种困难和问题，能够赢得群众的认可和支持。这种认可和支持是农村社会和谐稳定的坚实基础。

因此，加强农村党员干部队伍建设，提高他们的服务群众能力和处理复杂问题的能力，对于化解农村社会矛盾、维护农村社会和谐稳定、保障人民群众安居乐业具有十分重要的作用。这不仅是构建社会主义和谐社会的必然要求，也是实现全面建设社会主义现代化国家目标的重要保障。通过不断加强农村党员干部队伍建设，我们能够打造一个更加和谐、稳定的农村社会，为全面建设社会主义现代化国家奠定坚实的基础。

第二节　党员队伍建设事关农村发展大局

一、党员队伍建设与农村发展的内在联系

1. 党员队伍的引领作用

在农村，党员队伍如同一座座坚实的灯塔，照亮着农村发展的方向。他们是党的路线、方针、政策在农村地区的忠实传播者和坚定执行者，其思想境界、业务素养和工作态度，对于党的决策部署能否在农村得到有效贯彻和执行具有深远的影响。

具体来说，一支高素质、有战斗力的党员队伍，能够深刻领会党的精神，准确把握党的发展方向，将党的决策部署转化为推动农村发展的强大动力。他们以身作则，带头执行党的各项政策，成为农民群众学习的榜样和引领者。在他们的带领下，广大农民群众能够紧密团结在党的周围，沿着正确的道路前进，共同开创农村繁荣的新局面。

这种引领作用不仅体现在思想上的引领，更体现在实际行动上的示范。农村党员通过自身的努力和奋斗，带领农民群众发展生产、改善生活，推动农村经济社会全面进步。他们的成功经验和先进做法，成为农民群众学习的宝贵财富，激励着更多的人投身到农村发展中来。

因此，加强农村党员队伍建设，提高党员队伍的整体素质和战斗力，对于推动农村发展具有十分重要的意义。只有建设一支忠诚干净担当的党员队伍，才能确保党的路线、方针、政策在农村得到有效贯彻和执行，引领广大农民群众共同开创农村更加美好的未来。

2. 农村发展的实践平台作用

农村，这片充满生机与希望的土地，不仅承载着国家的粮食安全和农民的生计，同时也为党员队伍建设提供了一个宝贵的实践平台。在这里，党员们有机会深入基层，与群众面对面交流，了解他们的需求和期盼，通过实际工作不断提升自己的能力和水平。

具体来说，农村为党员们提供了一个施展才华的广阔舞台。党员们可以充分发挥自身的专业知识和技能，带领群众共同探索致富之路，推动农业现代化进程。在这个过程中，党员们不仅需要深入田间地头，了解农业生产的第一手资料，还需要结合市场需求和农民实际，制定切实可行的发展规划。通过这样的实践锻炼，党员们不仅能够提升自己的业务能力，还能够增强与群众的联系和沟通能力。

同时，农村还为党员们提供了一个加强社会治理的重要场所。在这里，党员们需要积极参与农村社会治理工作，协助解决群众矛盾纠纷，维护农村社会和谐稳定。通过参与社会治理实践，党员们可以更加深入地了解农村社会的复杂性和多样性，提升处理复杂问题的能力和水平。

最终，农村的发展成果也将直接反映党员队伍建设的成效。一个优秀的党员队伍必然能够推动农村经济社会全面进步和农民持续增收致富。而农村的发展成果也将为进一步优化和提升党员队伍建设提供重要参考和依据。因此，我们应该充分认识到农村在党员队伍建设中的重要实践平台作用，并不断加强和优化这一实践平台的建设和利用。

3. 相互促进、共同发展的关系

党员队伍建设与农村发展之间，存在着一种紧密而深远的内在联系，它们相互促进、共同发展，共同构筑了社会主义新农村建设的坚实基石。

一方面，农村的经济社会进步为党员队伍的成长提供了丰沃的土壤。随着农村经济的发展和社会的进步，教育资源和实践机会日益丰富，这为党员队伍的建设提供了有力的支撑。党员们可以通过参加各类教育培训，学习先进的理论知识和实践经验，不断提升自身的政治觉悟、业务能力和工作水平。同时，农村的实践舞台也为党员们提供了施展才华的广阔空间，他们在带领群众致富、推动农业现代化、加强社会治理等实际工作中，不断锤炼自己的能力和素质。

另一方面，党员队伍的壮大和素质提升又成为推动农村发展的重要力量。一支高素质、有战斗力的党员队伍，能够准确把握党的发展方向，有效贯彻党的路线、方针、政策，引领广大农民群众沿着正确的道路前进。他们通过自身的努力和奋斗，推动农村经济社会全面进步，带领农民群众共同开创农村繁荣的新局面。这种引领和带动作用，不仅增强了农民群众对党的信任和支持，也为农村的发展注入了强大的动力。

因此，党员队伍建设与农村发展之间形成了良性的循环。农村的经济社会进步为党员队伍的成长提供了有利条件，而党员队伍的壮大和素质提升又推动了农村的发展。这种相互促进、共同发展的关系，使得党员队伍建设与农村发展紧密相连，共同构成了推动社会主义新农村建设的重要力量。在未来的发展中，我们应该进一步加强党员队伍建设，提升党员队伍的整体素质和战斗力，为推动农村持续发展、实现全面建设社会主义现代化国家目标贡献更大的力量。

二、党员队伍在农村工作中的重要作用

1. 党的政策宣传与政令畅通

农村党员作为党的基层代表，发挥着桥梁和纽带的作用，他们深入农村一线，将党的声音和政策传递给广大农民群众，确保了党的决策部署能够在农村地区得到有效贯彻和执行。

具体来说，农村党员通过深入田间地头、走访农户家中，与农民面对面交流，将党的最新政策、方针和路线传递给每一个农民。他们耐心细致地解释政策内容，帮助农民理解政策的意义和目的，让农民感受到党的关怀和温暖。这种直接、有效的宣传方式，确保了党的决策部署能够在最短时间内传达到基层，提高了政策的知晓率和认同感。

同时，农村党员还积极参与到农村社会治理中，协助解决群众矛盾纠纷，维护农村社会和谐稳定。他们通过自身的实际行动，树立了党的良好形象，

增强了群众对党的信任和支持。这种信任和支持为党的政策在农村地区的顺利实施提供了有力保障。

因此，农村党员在党的政策宣传和政令畅通方面发挥着重要作用。他们不仅是党的声音的传播者，更是党的政策的执行者和监督者。他们的工作为农村地区的发展进步提供了坚实的政治保障。

2. 组织群众生产与经济发展

农村党员在推动农村经济发展方面扮演着举足轻重的角色。他们不仅具备丰富的农业生产经验，还拥有较强的组织协调能力，这使得他们成为组织农民开展生产活动、推广农业技术和引导产业结构调整的关键力量。

第一，农村党员积极组织农民开展各种农业生产活动。他们深入了解农民的需求和生产难点，结合实际情况，制定切实可行的生产计划。通过组织农民进行集体耕作、合作养殖等方式，有效整合农村资源，提高生产效率。同时，他们还注重推广先进的农业技术和种植模式，帮助农民掌握科学的种植方法和管理技巧，从而提高农产品的产量和品质。

第二，农村党员关注农村产业结构调整和转型升级。他们深知单一的产业结构已无法满足现代农村的发展需求，因此积极引导农民发展特色产业和现代农业。通过引进新品种、新技术和新设备，推动传统农业向现代农业转变，培育新的经济增长点。同时，他们还鼓励农民参与农村旅游、电子商务等新兴产业，拓宽农民的增收渠道。

第三，农村党员在推动农村经济发展过程中，始终坚持以农民为主体。他们尊重农民的意愿和选择，充分调动农民的积极性、主动性和创造性。通过与农民建立紧密的利益联结机制，实现共同发展、共享成果。这种以人民为中心的发展理念，不仅促进了农村经济的持续发展，也增强了农民对党的信任和支持。

3. 维护社会稳定与构建和谐乡村

农村党员在维护农村社会和谐稳定、构建和谐乡村方面发挥着至关重要的作用。他们不仅是党的基层代表，更是农民群众的贴心人，通过深入了解

农民的需求和诉求，积极化解矛盾纠纷，推动基层民主政治建设，为农村社会的和谐稳定做出了重要贡献。

第一，农村党员深入了解农民的需求和诉求。他们经常走访农户，与农民面对面交流，倾听他们的心声和意见。通过这种方式，农村党员能够及时了解农民的需求和诉求，为解决问题提供有力依据。同时，他们还注重收集社情民意，及时向党组织反映群众的意见和建议，为党组织科学决策提供参考。

第二，农村党员积极化解各种矛盾纠纷。在农村社会生活中，难免会出现各种矛盾纠纷。农村党员凭借自身的威望和信誉，积极介入调解工作，帮助当事人双方协商解决问题。他们注重运用法律、政策等手段，公正、公平地处理矛盾纠纷，赢得了群众的信任和支持。同时，他们还注重加强法制宣传教育，提高农民的法律意识和依法维权能力。

第三，农村党员积极参与乡村治理工作。他们积极推动基层民主政治建设，引导农民依法行使民主权利。通过参与村民代表会议、村务监督等工作，农村党员为农民提供了表达意愿、参与管理的平台。同时，他们还注重加强村级组织建设，提高村级组织的凝聚力和战斗力，为乡村治理提供有力保障。

三、加强党员队伍建设的战略意义

1. 巩固党在农村的执政基础

农村党员作为党在农村地区的基层骨干，他们的素质和能力直接关系到党在农村的执政地位和影响力。因此，加强农村党员队伍建设对于巩固党在农村的执政基础具有重要意义。

首先，提升农村党员的思想政治觉悟是加强队伍建设的核心。通过加强理论学习、思想教育等方式，引导农村党员坚定理想信念，增强政治意识、大局意识、核心意识、看齐意识，确保他们在思想上与党中央保持高度一致。这样的党员队伍能够更好地理解和执行党的路线方针政策，成为推动农村发展的坚强领导核心。

其次，增强农村党员的业务能力也是提升他们履职能力的重要途径。通过培训、实践锻炼等方式，提高农村党员在农业生产、经营管理、社会服务等方面的专业技能和知识水平。这样的党员队伍能够更好地带领群众发展生产、改善生活，成为推动农村经济社会发展的中坚力量。

最后，改进农村党员的工作作风也是加强队伍建设的重要内容。通过加强纪律教育、作风建设等方式，引导农村党员树立正确的世界观、人生观、价值观，坚持全心全意为人民服务的宗旨，切实做到为民、务实、清廉。这样的党员队伍能够更好地赢得群众的信任和支持，为巩固党在农村的执政基础提供坚实保障。

2. 推动乡村振兴战略的实施

乡村振兴战略，作为新时代我国针对"三农"问题的核心战略，旨在全面推动农业农村现代化。而在这场深刻的变革中，农村党员队伍的作用不容忽视。他们不仅是战略的执行者，更是推动者和引领者。

加强农村党员队伍建设，实质上是为乡村振兴战略注入了强大的动力。这支队伍中的党员，懂农业、爱农村、爱农民，他们深谙农村的发展规律和农民的需求，能够准确把握乡村振兴战略的核心要义和实施路径。因此，他们在推动农业现代化、优化乡村产业结构、保护农村生态环境以及提升乡村社会文明程度等方面，都发挥着不可替代的作用。

在农业现代化方面，农村党员凭借先进的农业知识和技术，引导农民转变观念，采用科学的种植和管理方法，提高农业生产效率。在乡村产业发展上，他们结合当地资源禀赋和市场需求，带领农民发展特色产业和现代农业，促进农民增收和农村经济繁荣。在生态环境保护领域，他们积极践行绿色发展理念，推动农村生产生活方式的绿色转型，守护好农村的绿水青山。在提升乡村社会文明程度方面，农村党员以身作则，弘扬社会主义核心价值观，引导农民树立文明新风，共同营造和谐宜居的乡村环境。

3.提升农村基层党组织的凝聚力和战斗力

农村基层党组织是党在农村地区的坚实支柱，它们的凝聚力和战斗力对于推动农村发展、维护社会稳定至关重要。而加强农村党员队伍建设，正是提升这一凝聚力和战斗力的有效途径。

加强党员队伍建设，首先能够优化党员队伍的结构，吸引更多有志之士、有能力之才加入党的队伍中来。这样一来，农村基层党组织的人才储备得以充实，为各项工作的开展提供了有力的人才保障。同时，通过提高党员的准入门槛，确保新加入的党员都具备较高的思想政治觉悟和业务能力，进一步提升党组织的整体素质。

此外，加强党员队伍建设还能够促进党组织内部的团结和协作。通过加强党员之间的交流和沟通，增进彼此的了解和信任，形成团结一心、共同奋斗的良好氛围。在这样的氛围中，党组织能够更加高效地开展工作，更好地服务群众、推动发展。

同时，加强农村党员队伍建设也是适应新时代发展需求的必然要求。随着社会的不断进步和发展，农村工作面临着许多新情况、新问题。这就要求农村基层党组织必须具备更强的创新能力和应变能力，以更好地应对各种挑战。而加强党员队伍建设，正是提升这一能力的关键所在。

第三节　新时代农村党员先进性要求

一、新时代对农村党员提出的新要求

步入新时代，农村党员所面临的任务和环境均发生了深刻变化，这自然也对他们提出了全新的要求。这些要求不仅体现了党对农村工作的新期待，也反映了农村发展的新需要。具体来说，新时代对农村党员的新要求可以细化为以下几个方面：

1. 更高的政治觉悟与理论素养

在新时代的浪潮下，对农村党员的政治觉悟与理论素养提出了更为严格的要求。这不仅关乎党员个人的成长与进步，更与党在农村地区的执政根基和乡村振兴大计息息相关。

首先，政治上的成熟与坚定是新时代农村党员的鲜明标志。他们应当自觉加强党性锻炼，不断提高政治敏感性和政治鉴别力，确保在复杂多变的农村环境中始终坚守正确的政治方向。这种成熟与坚定，源于对党的创新理论的深入学习和深刻理解，特别是对习近平新时代中国特色社会主义思想的系统掌握和灵活运用。

其次，增强"四个意识"、坚定"四个自信"、做到"两个维护"，是新时代农村党员必须坚守的政治原则。这要求他们始终与党中央保持高度一致，坚决维护党中央权威和集中统一领导，确保党的路线方针政策在农村地区得到全面贯彻和有效执行。这种一致性和执行力，是农村党员政治觉悟的直接体现，也是他们推动乡村振兴、服务农民群众的重要保证。

最后，理论素养的提升是新时代农村党员不断进步的阶梯。他们应当注重理论学习与实践相结合，善于运用党的创新理论指导实际工作，解决农村发展中的突出问题。这种理论与实践的结合，不仅能够提升农村党员的工作能力和业务水平，更能够为他们开创新局面、实现新发展提供有力的思想武器和行动指南。

2. 更强的服务群众意识与能力

在新时代背景下，农村党员的角色愈发重要，他们不仅是党的忠诚代表，更是联系群众的紧密纽带。为了更好地履行这一职责，农村党员被赋予了更强的服务群众意识与能力的期待。

首先，农村党员应当时刻将群众的冷暖挂在心头，将群众的利益视为工作的出发点和落脚点。他们需深入田间地头，与群众面对面交流，倾听他们的声音，了解他们的所思所盼。这种深入基层、贴近群众的做法，不仅能够拉近党员与群众的距离，更能够准确把握群众的真实需求，为后续的服务工

作奠定坚实基础。

其次，农村党员在了解群众需求的基础上，应积极为群众排忧解难。无论是生产生活中的实际困难，还是精神文化层面的需求，农村党员都应尽己所能提供帮助和支持。他们的行动要迅速、措施要得力，确保群众的问题能够得到及时有效的解决。

再次，为了更好地服务群众，农村党员还需不断提升自身的服务能力。这包括学习新知识、新技能，提高自身的综合素质和业务水平。通过参加各类培训、学习交流活动等途径，农村党员可以不断更新自己的知识储备，提升为群众服务的能力和水平。

最后，农村党员在服务群众的过程中，还应注重方式方法的创新。他们应结合当地实际和群众需求，探索更加有效、便捷的服务方式，使群众能够感受到党的温暖和关怀。同时，农村党员还应注重团队协作，发挥集体的智慧和力量，共同为群众提供更加优质的服务。

3. 更好的领导能力与担当精神

在新时代的浪潮中，农村党员被赋予了引领群众、推动发展的重任。为了更好地履行这一职责，他们应当不断提升自身的领导能力与担当精神，成为乡村振兴的坚强引领者。

领导能力的提升，是农村党员在新时代下的必修课。他们不仅需要具备扎实的专业知识和丰富的实践经验，更要有高瞻远瞩的战略眼光和卓越的组织协调能力。在领导农村发展的过程中，农村党员应当善于把握大局、明确方向，能够带领群众共同应对各种风险和挑战。同时，他们还应精通协调各方资源，将有限的资源用在刀刃上，推动农村各项事业取得新进展。

担当精神的强化，则是农村党员在新时代下的精神坐标。他们应当敢于担当责任、勇于攻坚克难，在关键时刻能够挺身而出、迎难而上。无论是面对自然灾害的侵袭，还是面对农村改革发展的重任，农村党员都应当保持坚定的信念和昂扬的斗志，为群众树立榜样、传递力量。

此外，农村党员还应当积极支持并参与到农村的改革创新中来。他们应当深刻理解改革创新对于农村发展的重要意义，敢于打破传统观念的束缚，勇于探索新的发展路径。通过自身的实际行动和成效，农村党员能够为农村的改革创新注入新的动力和活力，推动农村实现更高质量、更可持续的发展。

4. 不断学习，适应新时代发展需求

在科技日新月异、农村社会持续变革的当下，农村党员肩负着推动农村现代化建设的重任。为了更好地适应新时代的发展需求，农村党员必须牢固树立终身学习的理念，不断提升自身的综合素质和专业技能。

首先，农村党员应当通过参加各类培训、研讨会等活动，系统地学习党的创新理论、现代农业知识、乡村治理技能等内容。这些培训不仅能够帮助他们更新知识结构、提升文化素养，还能够拓宽他们的视野，增强他们应对复杂问题的能力。

其次，自学也是农村党员提升自我的重要途径。他们可以利用业余时间阅读相关书籍、观看在线课程，或者通过社交媒体等平台与同行交流学习心得。这种自主学习的方式既灵活又高效，能够帮助农村党员随时随地地汲取新知识、新技能。

再次，农村党员还应当紧密关注现代农业、乡村治理等领域的发展趋势。他们可以通过阅读行业报告、参加专业展览等方式，及时了解最新的技术成果和管理理念。这样，他们就能够将最新的知识和技术应用到实际工作中，推动农村的现代化建设不断向前迈进。

最后，为了适应新时代的发展需求，农村党员还应注重提升自身的创新能力。他们应当敢于尝试新方法、新思路，勇于在实践中探索适合当地实际的发展模式。这种创新精神和实践能力将成为推动农村现代化建设的重要动力。

二、农村党员应具备的先进性和模范作用

农村党员，作为党的基层力量，承载着推动农村进步和服务农民群众的

重任。为了更好地践行这一使命，他们必须始终保持先进性，并在实际生活中发挥模范带头作用。具体而言，这种先进性和模范作用可以细化为以下几个方面：

1. 带头执行党的路线方针政策

在新时代背景下，农村党员作为党的忠诚代表和联系群众的纽带，必须具备高度的政治觉悟和执行力，带头执行党的路线方针政策。这不仅是对党员个人素质的要求，更是确保党的政策在农村地区得到有效落实、推动农村社会和谐稳定发展的关键。

首先，农村党员应当深入学习和理解党的理论和路线方针政策。他们应当通过参加党组织的学习活动、阅读党的文件资料等方式，不断提高自身的政治素养和理论水平。只有这样，他们才能对党的决策部署有清晰、准确的认识，为带头执行打下坚实的思想基础。

其次，农村党员在实际工作中要自觉遵守党的政策规定。他们应当严格按照党的政策要求行事，不做违反政策规定的事情。同时，他们还应当积极向群众宣传党的政策，让群众了解政策的内容和意义，增强群众对党的信任和支持。

再次，农村党员要带头执行党的路线方针政策。他们应当在实际工作中发挥表率作用，率先垂范，确保党的政策在农村得到有效落实。例如，在推进乡村振兴战略中，农村党员可以积极参与到产业发展、环境整治、文化建设等工作中去，带领群众共同推动农村社会的全面进步。

最后，农村党员要通过自身的行动示范影响和带动广大群众。他们的言行举止对群众具有重要的示范作用。因此，农村党员应当时刻保持共产党员的良好形象，以自身的实际行动赢得群众的认可和尊重。同时，他们还应当积极与群众沟通交流，了解群众的需求和意见，为群众提供更好的服务。

2. 带头发展生产、增加收入

农村党员在新时代的角色，不仅仅是政策的传播者和执行者，更是农村经济发展的引领者。他们应当深入田间地头，与泥土和汗水为伴，积极投身于农业生产和发展的大潮中。

对于农业生产，农村党员要勇于尝试新技术、新品种。他们不畏惧失败，敢于做第一个"吃螃蟹"的人，将先进的农业技术和品种引入到当地的生产中，提高农业生产的效益和质量。这种勇于尝试的精神，不仅能够为农村经济发展注入新的活力，更能够为农民群众树立起敢于创新、敢于突破的榜样。

同时，农村党员还要发挥自身的引领和示范作用。他们不仅仅是自己富起来，更要带领和帮助群众共同富起来。通过组织农民合作社、推广先进的农业生产模式、提供技术指导等方式，农村党员可以带领群众一起发展生产、增加收入。他们的成功经验和做法，将成为群众学习和效仿的样本，激发群众发展生产的积极性和创造力。

在带动农村经济发展方面，农村党员还可以通过引进先进技术、优化产业结构等方式来实现。他们要保持敏锐的市场触觉，及时捕捉经济发展的新趋势和新机遇，将适合当地发展的产业和技术引入到农村中来。通过调整产业结构、优化资源配置、提高生产效率等措施，农村党员可以带动农村经济的整体提升和转型升级，促进农民的共同富裕和全面发展。

3. 带头维护社会稳定、促进和谐

农村党员，作为基层社会的中坚力量，肩负着维护社会稳定、促进和谐的重要使命。他们深知，一个和谐稳定的社会环境是农村发展的基础，也是农民幸福生活的保障。

在矛盾纠纷面前，农村党员总是第一时间站出来。他们不是旁观者，而是积极的调解者。无论是邻里之间的小矛盾，还是家族之间的大纠纷，他们都愿意耐心倾听、公正调解，用智慧和真诚化解矛盾，维护社会的和谐稳定。

除了调解矛盾，农村党员还积极参与乡村治理工作。他们了解农村、熟悉农民，深知农村社会的需求和痛点。因此，他们在推动基层民主政治建设、完善乡村治理体系等方面发挥着重要作用。他们的参与和努力，让农村社会的公平正义得到更好的体现，也让农村的长治久安有了更坚实的基础。

为了更好地履行职责，农村党员还不断提升自身的素质和能力。他们学

习法律法规、了解国家政策，提高自己的政治觉悟和业务能力。这样，他们在维护社会稳定、促进和谐方面就能发挥更大的作用，为农村社会的和谐稳定做出更大的贡献。

三、加强对农村党员的教育和培养

为了不断提升农村党员的先进性和模范作用，必须对其进行持续、系统的教育和培养。这一工作涉及党性教育、技能培训以及实践锻炼等多个重要方面，旨在全面提升农村党员的综合素质和能力。

1. 深化党性教育，提升政治素养

农村党员作为党的基层骨干，其党性教育和政治素养的提升至关重要。通过深化党性教育，可以帮助农村党员更加坚定地信仰党的理论，忠诚地拥护党的领导，积极地执行党的决策。

在深化党性教育的过程中，组织深入、系统的政治理论学习是必不可少的。这样的学习可以帮助农村党员全面、深刻地理解党的路线、方针和政策，增强他们的政治敏感性和鉴别力。同时，通过定期的学习活动、交流研讨等形式，农村党员可以及时了解党的最新理论成果，不断提升自身的政治觉悟和思想境界。

为了确保农村党员在思想上始终与党中央保持高度一致，更好地发挥党员的先锋模范作用，还需要加强对农村党员的思想引导和教育。通过讲解党的历史、传承党的优良传统、弘扬社会主义核心价值观等方式，激发农村党员的爱国热情和奉献精神，引导他们始终保持正确的政治方向和价值追求。

2. 强化技能培训，提高致富本领

在新时代背景下，农村党员不仅要有坚定的政治信仰和高尚的道德品质，还需要具备专业技能和领导能力，以更好地服务群众和推动农村发展。因此，强化技能培训，提高农村党员的致富本领显得尤为重要。

为了满足农村党员的实际需求和农村发展的现实需要，开展有针对性的

技能培训是至关重要的。这些培训应该紧密结合当地的实际情况和党员的需求，注重实用性和可操作性。通过培训，农村党员可以学习到现代农业技术、市场营销策略、乡村治理方法等方面的知识和技能，从而提高他们的专业技能和领导能力。

在技能培训的内容上，可以着重加强现代农业技术的培训。通过向农村党员传授先进的农业种植技术、养殖技术、病虫害防治技术等，帮助他们掌握现代农业知识，提高农业生产效益。同时，还可以加强市场营销策略的培训，帮助农村党员了解市场需求和动态，掌握农产品营销策略和技巧，带领群众共同开拓致富道路。

此外，乡村治理方法的培训也是必不可少的。通过向农村党员传授基层民主管理、公共服务供给、社会事务处理等方面的知识和技能，提高他们的乡村治理能力和水平，为农村社会的和谐稳定和发展做出更大的贡献。

3. 加强实践锻炼，提升领导能力

加强实践锻炼是提升农村党员领导能力的关键环节。通过亲身参与实际工作，农村党员能够锤炼自己的领导才能和组织协调能力，更好地服务群众和推动农村发展。

第一，鼓励农村党员积极参与乡村振兴工作。乡村振兴是当前农村发展的重要战略，也是锻炼农村党员领导能力的良好平台。农村党员应深入田间地头，了解群众需求和工作实际，积极参与产业发展、环境整治、文化建设等各项工作。通过实践锻炼，他们能够更好地把握乡村振兴的方针政策，提升解决实际问题的能力，为农村发展贡献自己的力量。

第二，引导农村党员投身脱贫攻坚实践。脱贫攻坚是当前农村工作的重中之重，也是考验农村党员领导能力的关键时刻。农村党员应深入贫困地区，与贫困群众结对帮扶，积极参与扶贫项目规划和实施。通过亲身实践，他们能够更加深入地了解贫困地区的实际情况和群众需求，提升扶贫工作的针对性和实效性，为打赢脱贫攻坚战贡献自己的力量。

第三，加强农村党员的实践锻炼还需要注重培养他们的创新意识和开拓

精神。在实践过程中，农村党员应敢于尝试新方法、新思路，勇于担当责任和挑战困难。通过不断创新和实践，他们能够不断提升自己的领导能力和综合素质，成为推动农村发展的中坚力量。

第四节　采取有效措施加强对农村党员的教育

一、当前农村党员教育中存在的问题和不足

在深入分析当前农村党员教育的现状时，可以观察到一些明显的问题和不足，这些问题主要集中在教育资源、教育内容和教育方法等方面，对农村党员教育的质量和效果产生了一定的制约。

1. 教育资源方面的挑战

在推进农村党员教育的过程中，不可避免地会遇到各种问题和挑战。其中，教育资源方面的困境尤为突出，对农村党员教育工作的深入开展造成了一定的影响。

在教育资源方面，农村地区普遍面临着资金、设施和师资等多方面的挑战。首先，由于教育资金相对有限，农村党员教育所需的基础设施建设往往难以得到保障。一些农村地区的教学场所简陋，缺乏现代化的教学设备，无法满足党员们多样化的学习需求。其次，教材更新滞后也是一个不容忽视的问题。随着时代的进步和社会的发展，党的理论和政策也在不断更新和完善。然而，一些农村地区的党员教育教材却未能及时跟进，导致教育内容与实际需求脱节。最后，师资力量的不足也制约了农村党员教育的发展。一些农村地区缺乏优秀的党员教育工作者，使得教育质量难以得到保障。

这些教育资源方面的问题，不仅影响了农村党员教育的效果，也在一定程度上制约了农村地区的发展。为了解决这些问题，需要采取有效的措施，加大对农村党员教育的投入和支持力度，为农村党员提供更好的学习环境和

更优质的教育资源。同时，也需要加强师资队伍建设，提高教育工作者的素质和能力，为农村党员教育工作提供有力的人才保障。

2. 教育内容的单一性

在农村党员教育的实施过程中，教育内容的设置往往呈现出一定的单一性，这在一定程度上影响了教育效果的全面性和深入性。具体来说，教育内容过于偏重于政治理论和党的路线方针政策的传授，而相对缺乏对农村党员实用技能和知识的培训。

这种教育内容单一的现象，首先表现在对政治理论的过度强调上。虽然政治理论是农村党员教育的核心内容，但过于侧重理论传授而忽视实践应用，容易使教育变得空洞和抽象。农村党员在学习过程中可能会感到枯燥乏味，难以将理论知识与农村实际工作相结合，从而影响学习效果。

其次，当前农村党员教育在教育内容上相对缺乏对实用技能和知识的培训。农村地区的发展需要党员具备一定的实用技能和知识，如农业生产技术、市场营销策略、乡村治理方法等。然而，现有的教育内容往往忽视这些方面的培训，导致农村党员在实际工作中缺乏必要的技能和知识支持，难以发挥应有的作用。

因此，在教育内容的选择上，需要更加注重实用性和针对性。除了传授政治理论和党的路线方针政策外，还应结合农村地区的实际情况和党员的需求，增加实用技能和知识的培训内容。这样可以激发农村党员的学习兴趣和积极性，提升他们的综合素质和领导能力，更好地服务于农村地区的发展。同时，教育内容的多样化也有助于培养农村党员的创新意识和开拓精神，推动他们在工作中不断探索和实践。

3. 教育方法的陈旧与单一

农村党员教育在教育方法上亟待创新与改进，以适应新时代的学习需求和党员发展要求。目前，教育方法存在的问题主要表现在以下几个方面：

第一，传统讲授式教学仍占主导地位。在许多农村党员教育活动中，讲授式教学仍然是主要的教学方式。这种方法虽然能够系统地传授知识，但却

缺乏互动和实践环节的设置，使得农村党员在学习过程中处于被动接受的状态。这种陈旧的教育方法难以调动农村党员的学习主动性和创造性，也无法有效培养他们的实践能力和创新思维。

第二，缺乏现代化的教学手段应用。随着科技的发展，现代化的教学手段如多媒体教学、网络教学等已广泛应用于教育领域。然而，在农村党员教育中，这些现代化的教学手段的应用却相对有限。这不仅限制了教育资源的充分利用和共享，也使得农村党员教育缺乏吸引力和时代感。

第三，缺乏个性化的教学方案。农村党员在教育背景、工作经验和学习需求等方面存在差异，因此需要个性化的教学方案来满足他们的不同需求。然而，当前的教育方法往往忽视了个体差异，采用统一的教学内容和方式，使得教育效果大打折扣。

二、采取有效措施加强对农村党员的教育

1. 丰富教育资源，拓宽教育渠道

为了改善农村党员教育资源不足的现状，必须采取切实有效的措施来整合和拓展各类教育资源，进而拓宽教育渠道，为农村党员提供更加全面、系统的教育服务。

首先，要建设专门的农村党员教育网站，打造一个在线学习的平台。这个平台应包含丰富的视频课程、在线讲座、学习资料等，涵盖党的理论、路线方针政策、实用技能和知识等各个方面，以满足农村党员多样化的学习需求。通过这个平台，农村党员可以随时随地进行学习，不受时间和空间的限制，从而提高学习的灵活性和便利性。

其次，要开发移动学习应用，利用智能手机等移动设备为农村党员提供便捷的学习工具。这些应用应具有友好的用户界面和丰富的功能，支持在线学习、离线下载、互动交流等功能，使农村党员能够随时随地利用碎片时间进行学习，提高学习效率。

再次，要积极争取政府、企业和社会各界的支持，加大教育资金投入。通过政府拨款、企业赞助、社会捐赠等多种方式筹集资金，用于改善教学设施、更新教材、培训师资等，为农村党员教育提供坚实的物质保障。此外，还可以与高校、研究机构等合作，共享教育资源，引入先进的教育理念和方法，提升农村党员教育的质量和水平。

最后，要加强师资力量建设。通过选拔优秀人才、加强培训考核等措施，培养一支高素质、专业化的农村党员教育工作者队伍。这些教育工作者应具备扎实的理论功底、丰富的实践经验和良好的教学能力，能够为农村党员提供高质量的教育服务。同时，还要建立激励机制，鼓励更多的优秀人才投身到农村党员教育事业中来。

2. 更新教育内容，贴近实际需求

在教育内容方面，对农村党员的教育必须注重与时俱进，紧密结合新时代的要求和农村党员的实际需求。为了实现这一目标，可以从以下几个方面入手：

第一，确保教育内容的时效性。针对农村工作的新情况、新问题，应及时更新教育内容，将党的最新理论成果、政策法规以及农业科技创新等纳入其中。这样，农村党员能够及时了解到最新的知识和信息，为农村发展提供有力的支持。

第二，提高教育内容的针对性。不同地区的农村党员面临着不同的挑战和问题，因此教育内容应贴近他们的实际需求。可以组织专家深入农村调研，了解农村党员的具体需求和学习难点，然后编写适合他们的教材和学习资料。这些资料应涵盖政治理论、农业技术、市场营销、乡村治理等多个领域，为农村党员提供全面、系统的学习支持。

第三，注重教育内容的生动性和具体性。为了让农村党员更好地理解和接受教育内容，可以结合当地实际案例和成功经验进行案例教学和现场教学。通过分析具体案例，农村党员可以更加直观地了解知识的应用和实践中的操作方法，提高他们的学习兴趣和效果。

3. 创新教育方法，提高教育效果

在教育方法上，对于农村党员的教育，需要摒弃传统的、单一的讲授式教学模式，转而积极探索和采用互动式、体验式等新型教育方法。这些方法能够更好地激发农村党员的学习兴趣和积极性，提升教育效果。

具体来说，可以组织小组讨论、角色扮演、情景模拟等多样化的教学活动。通过小组讨论，农村党员可以围绕某个主题或问题进行深入探讨，相互学习、相互启发；角色扮演和情景模拟则可以让农村党员身临其境地参与到某个具体场景或问题中，通过实际操作和体验来加深对知识的理解和记忆。

同时，现代信息技术手段也为农村党员教育提供了更多的可能性。例如，可以利用在线直播技术，将优质的教育资源实时传输到农村党员手中，让他们能够随时随地接受高质量的教育；虚拟仿真技术则可以模拟真实的环境和场景，为农村党员提供更加直观、生动的学习体验。这些技术手段的应用，不仅能够打破时间和空间的限制，还能够以更加生动、形象的方式展现教育内容，从而增强教育的吸引力和趣味性。

这些创新的教育方法不仅能够提升农村党员的学习效果，还能够有效培养他们的实践能力和创新思维。通过多样化的教学活动和现代信息技术手段的应用，农村党员可以在实际操作和体验中不断探索、尝试和创新，从而提升自身的综合素质和能力水平。

第五节　改进对农村党员管理的具体方法

一、当前农村党员管理中存在的问题和挑战

1. 管理手段缺乏多样性与创新性

在当前的农村党员管理工作中，管理手段的多样性和创新性不足是一个显著问题。具体来说：

其一，传统管理方式占主导。一些农村地区在党员管理上仍然沿用过去的方式方法，如单一的会议传达、文件学习等，缺乏与时俱进的管理理念和手段。这种方式往往无法有效吸引和激励农村党员，也难以满足他们在新时代背景下的成长需求。

其二，管理手段缺乏针对性。农村党员作为一个特定群体，具有自身的特点和需求。然而，当前的管理手段往往没有充分考虑到这些特点和需求，缺乏针对性的管理措施。这使得管理工作无法精准有效地作用于农村党员，影响了管理效果的提升。

其三，创新管理手段不足。随着时代的发展，新的管理理念和技术不断涌现，为党员管理提供了新的可能性。然而，在农村党员管理工作中，这些新的管理手段的应用还不够广泛和深入。这限制了管理工作的创新性和实效性，也制约了农村党员作用的发挥。

2. 管理机制存在不足与漏洞

农村党员管理工作是一个系统性工程，涉及诸多方面和环节，其顺利开展有赖于一套健全且高效的管理机制。然而，审视当前一些农村地区的管理实践，不难发现管理机制上存在的诸多不足与漏洞。

首先，责任划分不明确是一个突出问题。在农村党员管理工作中，由于职责界限模糊，往往导致工作推诿、扯皮现象频发。这种责任不清的状况不仅影响了管理效率，还可能引发工作中的矛盾和冲突，不利于形成团结和谐的管理氛围。

其次，制度体系不完善也是制约管理工作规范化的重要因素。缺乏系统完备的制度体系，管理工作往往无章可循、无据可依，难以保证管理的规范性和一致性。这不仅削弱了管理的权威性，也不利于农村党员管理工作的长效发展。

最后，监督机制不到位同样是一个不容忽视的问题。有效的监督是确保管理工作公正、高效运行的必要保障。然而，在一些农村地区，由于监督机制缺失或执行不力，导致管理工作中的违规行为和不当操作难以得到及时纠

正和惩处。这不仅损害了管理的公信力，也严重影响了农村党员管理工作的质量和效果。

3. 管理效果亟待提升与改进

在当前的农村党员管理工作中，受多重因素影响，管理效果未能达到预期目标，存在一定的差距和不足。一些农村党员在组织纪律性方面表现欠佳，难以充分展现其应有的先锋模范作用，甚至偶有违规违纪行为发生。这种情况不仅对农村党员队伍的整体形象造成了负面影响，更严重的是，它削弱了党组织的凝聚力和战斗力，影响了党在农村基层的执政基础。

针对这一现状，提升管理效果、改进管理方法显得尤为迫切和重要。首先，通过加强教育培训，可以提升农村党员的思想政治素质和业务能力，使他们更好地理解和践行党的路线方针政策，增强组织纪律性，提高自我约束能力。其次，完善制度体系是提升管理效果的重要保障。通过建立健全各项管理制度，明确责任、权利和义务，规范工作流程，可以确保农村党员管理工作有章可循、有据可查，提高管理的规范性和科学性。最后，强化监督检查是提升管理效果的有效手段。通过定期开展专项检查、随机抽查等方式，可以及时发现和纠正管理工作中存在的问题和不足，确保各项管理制度得到有效执行和落实。

二、改进管理方法，提高管理效率

针对当前农村党员管理中存在的问题和挑战，为提升管理效率，确保党员队伍的先进性和纯洁性，可以从以下几个方面着手改进管理方法。

1. 完善并强化制度约束，确保管理工作有章可循

制度化管理是提升农村党员管理效率的重要途径。具体而言，它的重要性与操作性可以细分为以下几点：

第一，构建全面系统的管理制度框架。这一框架应详尽地规定农村党员的基本权利与义务，明确他们的职责范围和行为准则。同时，组织生活、教

育培训、考核评价等管理环节也应有详尽的规章制度可循，确保每一项管理工作都能找到对应的制度依据。

第二，强化制度的执行与监督。制定好的制度必须得到严格执行，才能发挥其应有的作用。因此，需要建立一套有效的监督机制，定期对制度执行情况进行检查和评估，确保各项制度都能落到实处。

第三，注重制度的更新与完善。随着时代的发展和农村党员队伍的变化，现有的管理制度可能会逐渐暴露出不足和漏洞。因此，需要定期对制度进行审查和修订，以适应新的管理需求和挑战。

2. 探索创新管理手段，提升管理信息化水平

信息化技术的引入，为农村党员管理带来了革命性的变革。以下是信息化手段在农村党员管理中的具体应用和优势：

第一，建立农村党员管理信息系统。该系统能够全面、系统地记录党员的个人信息、组织关系、学习情况等内容，实现信息的数字化存储和网络化管理。这一举措极大地方便了信息的查询、统计和分析，提高了管理效率和准确性。

第二，实现精准管理和动态跟踪。通过信息系统，可以实时掌握农村党员的最新动态，包括思想状况、工作表现、学习进度等，从而实现对党员的精准管理和动态跟踪。这为党组织的决策提供了有力支持，有助于更好地发挥党员的先锋模范作用。

第三，提升农村党员的信息化素养。信息化手段的运用，不仅提高了农村党员管理的效率，还有助于提升党员的信息化素养。通过培训和实践，农村党员可以更好地掌握和运用信息技术，为推动农村信息化建设进程贡献力量。

3. 建立科学的考核评价体系，激发党员积极性和创造性

科学的考核评价体系对于农村党员的管理与发展至关重要。它不仅是一种有效的激励手段，更是推动农村党员持续进步、发挥先锋模范作用的关键机制。

首先，科学的考核评价体系应建立在客观、公正的基础之上。这意味着评价标准应明确、具体，且能够真实反映农村党员在工作实绩、学习态度以及组织纪律等方面的表现。通过合理的量化指标和定性分析，可以确保评价结果的准确性和公正性，从而避免主观臆断和偏见对农村党员评价的影响。

其次，奖惩机制的合理运用对于激发农村党员的积极性和创造性至关重要。根据考核评价结果，对表现优秀的党员给予适当的奖励和表彰，对表现不佳的党员进行必要的批评和教育。这种奖惩分明的做法，不仅能够激励农村党员更加努力地履行职责、发挥作用，还能够引导他们形成正确的价值导向和行为规范。

再次，考核评价结果应作为党组织选拔任用干部的重要依据。通过将考核结果与干部选拔任用相结合，可以确保选拔出的干部具备较高的综合素质和能力水平，从而推动农村党员队伍的优化和提升。这种选拔机制不仅有助于提升农村基层党组织的执政能力，还能够为农村各项事业的发展提供坚实的人才保障。

最后，需要强调的是，在考核评价过程中应注重实际效果和群众认可度。这意味着评价工作应紧密围绕农村党员的实际工作展开，关注他们在推动农村发展、服务群众等方面的实际成效。同时，还应广泛听取群众的意见和建议，确保评价结果的公正性和准确性。通过这种方式，我们可以更好地了解农村党员的真实表现，为他们的成长和发展提供有针对性的指导和帮助。

三、管理在保持农村党员队伍先进性和纯洁性中的重要作用

管理在农村党员队伍的建设中，特别是在保持其先进性和纯洁性方面，具有不可替代的作用。通过科学有效的管理，不仅可以及时发现并解决问题，还能激励党员不断进取，确保队伍的战斗力和凝聚力。

1. 及时发现并纠正问题，维护党员队伍的纯洁性

在农村党员队伍的建设中，管理发挥着举足轻重的作用，尤其体现在及

时发现并纠正问题，以维护党员队伍的纯洁性方面。

首先，管理是一双敏锐的眼睛，能够洞察农村党员队伍中的各种潜在问题。通过对党员的日常行为、工作态度以及思想动态的细致观察，管理可以捕捉到那些初露端倪的问题，如思想上的动摇、行为上的不规范等。这种敏锐的洞察力，为及时发现并解决问题提供了可能。

其次，管理是一把精确的手术刀，能够迅速而准确地切除队伍中的"病灶"。一旦发现问题，管理会立即启动应急机制，采取相应措施进行干预。这些措施可能包括思想教育、行为引导、纪律处分等，旨在迅速纠正问题，防止其进一步蔓延和扩大化。这种及时有效的干预，对于维护农村党员队伍的纯洁性具有重要意义。

最后，管理还是一面坚固的盾牌，能够抵御各种不良风气的侵蚀。在农村党员队伍中，有时会出现一些与党的宗旨和纪律相违背的现象。管理通过严格执行党的规章制度，加强对党员的教育和监督，筑起一道坚固的防线，有效抵御这些不良风气的入侵，从而保持队伍的纯洁性和战斗力。

2.激励先进、鞭策后进，提升党员队伍的整体素质

管理机制对于农村党员队伍的建设具有深远的影响，它通过激励先进和鞭策后进的方式，有效地提升了党员队伍的整体素质。

合理的考核评价机制是管理中的重要组成部分。这一机制全面、客观地评价农村党员的工作表现和学习态度，确保每一位党员的努力和贡献都能得到应有的认可。这种评价方式不仅公正，而且能够真实反映党员的实际情况，为后续的奖惩措施提供了准确的依据。

根据评价结果，管理机制会给予相应的奖惩。这种奖惩制度能够形成有效的激励和约束机制，激发农村党员的积极性和创造性。当党员看到自己的努力得到肯定时，他们会更加自信地投身到工作中，不断提升自己的能力和素质。而对于那些表现不佳的党员，惩罚措施则起到了鞭策作用，促使他们反思自己的不足，努力迎头赶上。

在这种正向激励和负向鞭策相结合的管理方式下，农村党员队伍的整体

素质得到了显著提升。党员们更加自觉地学习先进理念，努力提升自身素质，以更好地服务群众和推动农村发展。同时，这种管理方式也增强了党组织的凝聚力和战斗力，为农村的各项事业提供了坚实的组织保障。

3. 保持党员队伍的战斗力，为农村改革发展稳定提供有力支持

农村党员队伍是党组织在农村基层的重要力量，管理的核心目的就是确保这支队伍始终保持强大的战斗力。这种战斗力是农村改革发展稳定的重要保障，也是农村党员队伍先进性和纯洁性的直接体现。

战斗力首先体现在日常工作的高效执行上。通过科学有效的管理，农村党员能够明确各自的工作职责，形成合理的工作分工。他们紧密团结在党组织的周围，积极履行党员义务，高效完成各项工作任务。这种高效执行力是农村党员队伍战斗力的重要组成部分，也是推动农村各项事业发展的关键因素。

其次，战斗力还体现在面对困难和挑战时的迅速反应和有效应对上。农村改革发展稳定面临着各种复杂的问题和挑战，需要党员队伍具备强大的应变能力和解决问题的能力。通过管理，农村党员能够不断提升自身的政治素养、业务能力和应对复杂局面的能力，确保在关键时刻能够迅速做出反应、有效应对各种困难和挑战。

最后，强大的战斗力也是农村党员队伍先进性和纯洁性的重要体现。只有具备强大战斗力的党员队伍，才能始终保持在党组织的领导下，坚定不移地贯彻党的路线方针政策，推动农村改革发展稳定不断向前。同时，这种战斗力也能够有效地抵御各种不良风气的侵蚀，维护党员队伍的纯洁性。

第七章　新时代农村基层党建功能整合的创新形态

第一节　实施乡村振兴战略是新时代党的三农工作的总抓手

一、乡村振兴战略与党的三农工作之间的内在联系

乡村振兴战略与党的三农工作紧密相连，它们之间的内在联系体现在多个方面，共同推动着我国农业农村的发展。

1. 目标一致性

乡村振兴战略与党的三农工作在目标上达成了高度一致。具体来说，乡村振兴战略的核心目标是推动农业的全面升级、确保农村的全面进步以及实现农民的全面发展。这些目标与党的三农工作长期以来的追求——农业现代化、农村繁荣稳定、农民富裕幸福——紧密相连，相互契合。

这种目标上的一致性，确保了乡村振兴战略与党的三农工作在工作方向和重点上的协同性。两者共同致力于实现农业农村的现代化，为农村的持续发展和社会的全面进步共同努力。这种协同性不仅体现在宏观的政策制定上，更贯穿于具体的实践行动中，确保了各项政策措施的有效实施和落地生根。

2. 政治保障与组织基础

党的三农工作在实施乡村振兴战略中扮演着举足轻重的角色，为其提供了坚实的政治保障和组织基础。党始终坚守以人民为中心的发展理念，将"三农"问题的解决视为全党工作的核心要务，这种深沉的情怀与坚定的立

场，构成了乡村振兴战略实施的坚实后盾。

在政治保障方面，党通过制定一系列富有远见的政策和措施，为乡村振兴提供了方向指引和行动纲领。这些政策不仅体现了党对"三农"问题的深刻洞察，更彰显了党推动农村发展的坚定决心。在实施过程中，党始终保持政策的连续性和稳定性，确保乡村振兴战略能够沿着正确的轨道稳步前行。

在组织基础方面，党的三农工作建立了完善的组织体系和工作机制，为乡村振兴提供了有力的组织支撑。从中央到地方，各级党组织都高度重视三农工作，形成了层层抓落实的工作格局。同时，党还注重发挥基层党组织的战斗堡垒作用和党员的先锋模范作用，动员和组织广大农民群众积极投身到乡村振兴的伟大实践中去。这种广泛而深入的组织动员，为乡村振兴战略的实施注入了源源不断的动力。

3. 政策与实践相结合

在新时代的背景下，乡村振兴战略作为党三农工作的总抓手，展现了一种全新的工作理念和方法，即将党的三农政策与田间的具体实践紧密结合。这种结合确保了乡村振兴战略在实施中既有高屋建瓴的政策指导，又能深入实际、贴近农民，切实增强工作的针对性和实效性。

党的三农政策是乡村振兴的根本遵循。这些政策涵盖了农业发展、农村改革、农民增收等多个方面，为乡村振兴提供了全面的政策保障。而乡村振兴战略的实施，正是将这些政策转化为具体行动的过程。通过深入农村、了解农民需求，将政策与农村实际相结合，确保政策措施能够真正落到实处，发挥出最大效用。

同时，实践是检验政策的试金石。乡村振兴战略在实施过程中，注重从实践中总结经验、发现问题，不断完善和优化政策措施。这种以实践为基础的政策调整，使得乡村振兴战略更加符合农村实际和农民需求，为党的三农工作提供了新的经验和启示。

4. 相互促进与共同发展

乡村振兴战略与党的三农工作之间存在着相互促进、共同发展的密切关系。这种关系体现在多个层面，共同推动了我国农业、农村和农民的全面发展。

从党的三农工作对乡村振兴战略的支持来看，这种支持是全方位的。首先，在政策指导方面，党制定了一系列关于三农工作的方针政策，为乡村振兴战略的实施提供了明确的指导和遵循。这些政策不仅体现了党对三农问题的深刻洞察，也为乡村振兴战略的顺利推进提供了有力保障。其次，在组织保障方面，党的三农工作建立了完善的组织体系和工作机制，确保了乡村振兴战略能够得到有效实施。各级党组织和政府部门在推动乡村振兴工作中发挥了重要作用，形成了齐抓共管的工作格局。最后，在资金支持方面，党加大对三农领域的投入力度，为乡村振兴战略的实施提供了必要的资金保障。这些资金支持不仅用于农业基础设施建设、农村公共服务提升等方面，还用于支持农民创业创新、促进农民增收致富等领域。

从乡村振兴战略对党的三农工作的促进作用来看，这种促进作用也是显著的。首先，通过实施乡村振兴战略，农业综合生产能力得到提升，为我国粮食安全和重要农产品有效供给提供了坚实保障。这进一步巩固了党在三农工作中的领导地位，增强了农民对党的信任和拥护。其次，农村基础设施得到改善，农民生产生活条件得到显著提升。这不仅改善了农民的居住环境和生活质量，也为农村经济发展和社会进步提供了有力支撑。最后，农民收入得到增加，生活水平不断提高。这进一步激发了农民参与乡村振兴的积极性和创造性，为党的三农工作注入了新的动力和活力。

二、农村基层党组织在实施乡村振兴战略中的关键作用

农村基层党组织作为党的基层组织，在实施乡村振兴战略中发挥着关键作用。它们深入农村、贴近农民，是党与农民群众之间的桥梁和纽带，具体

作用可以细化为以下几点：

1. 政策宣传与引导的作用

在实施乡村振兴战略的过程中，农村基层党组织扮演着举足轻重的角色，尤其是在政策宣传和引导方面。这些基层党组织深谙农村实际情况，与农民群众有着紧密的联系，因此能够有效地将党的乡村振兴战略及相关政策信息传达给广大农民。

为了确保政策宣传的全面覆盖和深入理解，农村基层党组织采取了多种灵活多样的方式。它们组织定期的学习会议，邀请专家学者或政策制定者进行解读，确保农民能够准确理解政策的内涵和意图。此外，通过制作并发放图文并茂的宣传资料，使得政策信息能够以更加直观、易懂的形式进入农户家中。

在宣传过程中，农村基层党组织特别注重语言的通俗性和实例的生动性。它们用农民群众喜闻乐见的方式，将政策内容与实际生活相结合，帮助农民认识到乡村振兴战略对于提升农业生产、改善农村环境、提高农民生活水平的重要性。同时，基层党组织还耐心细致地解答农民的疑问和困惑，用平和、易懂的语言消除他们的顾虑和误解。

通过这种深入细致的政策宣传和引导工作，农村基层党组织不仅成功地将乡村振兴战略的理念和目标传达给农民群众，还激发了他们积极参与的热情和信心。农民们在党组织的引领下，更加清晰地认识到自己在乡村振兴中的责任和使命，从而更加坚定地投身到这一伟大实践中去。

2. 组织与动员群众的能力

农村基层党组织在组织与动员农民群众参与乡村振兴方面，展现出了卓越的能力和成效。这种能力主要体现在以下几个方面：

第一，深入了解农民需求，制定切实方案

农村基层党组织通过深入田间地头、走访农户家庭，与农民面对面交流，全面了解他们的生产生活状况、发展需求以及面临的困难。基于这些细致入微的调研，党组织能够结合当地资源禀赋和实际情况，制定出符合农民意愿、切实可行的乡村振兴实施方案。这些方案不仅体现了党组织的关怀和智慧，更确保了乡村振兴工作能够真正惠及广大农民。

第二，发挥党员模范带头作用

在乡村振兴的实践中，农村基层党组织注重发挥党员的先锋模范作用。党员们以身作则，带头执行各项政策措施，积极投身到农业生产、农村建设等工作中去。他们的实际行动和显著成效，为农民群众树立了良好的榜样，激发了更多人投身乡村振兴的热情和信心。

第三，培养农民自主意识和自助能力

除了直接组织和动员农民参与乡村振兴工作外，农村基层党组织还注重培养农民的自主意识和自助能力。通过举办各类培训班、组织经验交流会等方式，向农民传授先进的农业技术、管理理念和市场营销知识等。这些举措不仅提升了农民的专业技能和综合素质，更帮助他们树立了自信心和发展动力，为实现乡村全面振兴奠定了坚实基础。

3. 推动发展与服务群众的功能

农村基层党组织在推动农村发展与服务群众方面，发挥着不可或缺的功能。这些功能具体体现在以下几个方面：

第一，引导农村经济健康发展

农村基层党组织紧密结合当地资源禀赋和市场需求，积极引导农民调整产业结构，发展具有比较优势的特色产业。通过推广先进的农业技术和管理经验，提高农业科技水平，促进农业生产效率和产品品质的提升。同时，党组织还关注农村市场体系建设，帮助农民拓宽销售渠道，实现农产品的产销对接，从而推动农村经济持续健康发展。

第二，关注并满足农民群众需求

农村基层党组织深入了解农民群众的需求和期望，积极回应他们的关切。通过提供及时有效的服务，如帮助农民解决生产生活中的实际困难，提供就业信息、技能培训等方面的支持，推动农村公共服务水平的提升。这些举措不仅改善了农民的生产生活条件，还增强了他们对乡村振兴战略的认同感和归属感。

第三，推动农村社会全面进步

除了经济发展外，农村基层党组织还注重推动农村社会的全面进步。它们关注农村教育、文化、卫生等领域的发展，努力提升农村公共服务水平。通过加强农村基础设施建设、改善农村人居环境等措施，推动农村社会的整体进步和和谐发展。同时，党组织还积极倡导文明乡风建设，引导农民树立健康向上的生活方式和价值观念，为乡村振兴提供有力的精神支撑。

4. 凝聚人心与促进和谐的作用

在实施乡村振兴战略的背景下，农村基层党组织在凝聚人心和促进乡村社会和谐方面扮演着重要角色。具体作用可细分为以下几个方面：

第一，弘扬社会主义核心价值观

农村基层党组织通过举办各类文化活动、宣传教育等形式，积极弘扬社会主义核心价值观。这些活动旨在引导农民群众树立正确的世界观、人生观和价值观，增强他们的国家意识、集体意识和道德责任感。通过深入人心的宣传教育，农村基层党组织成功地将社会主义核心价值观融入乡村生活的方方面面，为乡村社会的和谐稳定奠定了坚实的思想基础。

第二，传承优秀传统文化

优秀传统文化是乡村社会的宝贵财富，对于凝聚人心、促进和谐具有重要作用。农村基层党组织注重挖掘和传承当地的优秀传统文化，如民间艺术、乡土文化、家风家训等。通过举办文化节庆活动、建设文化设施、推动文化教育进校园等措施，让优秀传统文化在乡村社会焕发新的生机与活力。这些举措不仅丰富了农民群众的精神文化生活，还增强了他们对乡村文化的认同感和归属感。

第三，倡导文明新风、破除陈规陋习

为了推动乡村社会的文明进步，农村基层党组织积极倡导文明新风，努力破除陈规陋习。它们通过制定村规民约、开展移风易俗活动等方式，引导农民群众树立科学文明的生活方式和社会风尚。同时，加大对不良社会现象的整治力度，如封建迷信活动、赌博等违法行为，为乡村社会的和谐稳定创造了良好的社会环境。这些举措有助于提升农民群众的整体素质和生活品质，推动乡村振兴战略在文明和谐的氛围中稳步实施。

第二节　全面从严治党向农村基层延伸

一、全面从严治党的内涵和重要性

全面从严治党，作为新时代党的建设的核心要义，其内涵丰富而深刻，涵盖了政治、思想、组织、作风和纪律等多个方面。这一战略举措对于确保党始终走在时代前列、始终成为人民衷心拥护的坚强领导核心具有不可替代的重要性。

1. 政治从严：坚守党的政治本色

政治从严，其内涵在于坚守党的政治立场、政治方向、政治原则和政治道路，确保党中央的权威和集中统一领导。这意味着全党上下，无论在哪个层级、哪个领域，都必须在思想上、政治上、行动上始终与党中央保持高度一致，坚决维护党的团结和统一。这种一致性，是党的生命，是党的力量所在，也是党能够战胜一切困难和风险的根本保证。

在实践中，政治从严要求全体党员和党的各级组织始终保持清醒的政治头脑，敏锐的政治眼光，坚定的政治立场。要始终坚持以人民为中心的发展思想，确保党的理论和路线方针政策始终符合最广大人民的根本利益。同时，要坚决同一切损害党的团结统一、破坏党的集中领导和党中央权威的行为做斗争，确保党的肌体健康，确保党始终成为中国特色社会主义事业的坚强领导核心。

通过不断加强政治建设，全面从严治党向纵深发展，我们党就能始终保持先进性和纯洁性，始终成为引领中国特色社会主义事业不断前进的坚强领导核心。这是历史赋予我们的重任，也是时代对我们的期待。

2. 思想从严：筑牢理想信念之基

思想从严，作为全面从严治党的重要组成部分，其核心在于强化理论武装，筑牢广大党员干部的理想信念之基。这一要求不仅关乎党的思想建设，更是确保党始终走在时代前列、引领社会进步的根本保证。

在实践中，思想从严意味着广大党员干部必须深入学习党的创新理论，不断用党的最新理论成果武装头脑。通过学习，党员干部能够更加深刻地理解党的宗旨和使命，更加坚定地树立正确的世界观、权力观和事业观。这种理论上的清醒和坚定，是党员干部抵御各种风险挑战、保持政治定力的坚实基础。

同时，思想从严还要求加强思想教育，引导党员干部自觉做共产主义远大理想和中国特色社会主义共同理想的坚定信仰者和忠实实践者。这种信仰和实践，不是空洞的口号，而是要体现在党员干部的日常工作和生活之中，体现在为实现中华民族伟大复兴的中国梦而不懈奋斗的实际行动上。

3. 组织从严：锻造高素质干部队伍

组织从严是全面从严治党在干部队伍建设上的具体体现，其核心在于坚持正确的选人用人导向，以确保党的各级领导岗位都由忠诚干净担当的高素质干部担任。这一要求的落实，对于提升党的执政能力和领导水平，推动党和国家事业发展具有重要意义。

在选拔任用干部方面，组织从严要求党组织始终坚持德才兼备、以德为先的原则。这意味着在选拔干部时，既要注重考察干部的专业能力和工作实绩，更要注重考察干部的政治品质和道德修养。通过这种方式选拔出来的干部，不仅具备推动工作所需的专业素养和实践经验，更能够忠诚于党的理想和信念，自觉践行党的宗旨和使命。

同时，组织从严还强调加强基层组织建设，提升组织力。党的基层组织是党全部工作和战斗力的基础。因此，必须下大力气加强基层组织建设，使其真正成为坚强战斗堡垒。这包括加强党员队伍建设，提高党员素质；完善基层组织体系，确保党的方针政策能够传达到每一个党员；加强基层党建工作创新，不断提升基层党组织的凝聚力和战斗力。

4. 作风从严：密切党同人民群众的血肉联系

第一，坚决反对四风问题

作风从严的首要任务就是坚决反对形式主义、官僚主义、享乐主义和奢靡之风。这四种不良风气严重损害了党的形象和人民群众的利益，必须下大力气进行整治。党员干部要时刻保持清醒头脑，坚决抵制各种诱惑和腐蚀，切实做到言行一致、以身作则，为人民群众树立良好的榜样。

第二，坚持以人民为中心的发展思想

作风从严要求党员干部始终坚持以人民为中心的发展思想，把人民群众的利益放在首位，切实做到为民、务实、清廉。在日常工作中，要深入基层、深入群众，了解他们的需求和期望，积极为他们排忧解难，不断增强人民群众的获得感、幸福感和安全感。

第三，加强作风建设和纪律约束

为了实现作风从严的目标，必须加强作风建设和纪律约束。首先，要完善相关制度规定，明确党员干部的行为规范和纪律要求；其次，要加强监督检查和执纪问责力度，对违反规定的行为进行严肃处理，形成有效的震慑和警示作用；最后，还要加强党员干部的思想政治教育和党性锻炼，提高他们的思想觉悟和自律意识。

5. 纪律从严：维护党的团结统一和行动一致

纪律从严是全面从严治党的重要保障，它要求全党上下始终把纪律和规矩放在首位，确保党的各级组织和全体党员始终保持高度的政治觉悟和严明的组织纪律。这一要求的落实，对于维护党的团结统一、确保全党行动一致具有重要意义。

首先，纪律从严强调把纪律挺在前面，严明党的政治纪律和政治规矩。这意味着全党上下必须严格遵守党的章程、党的纪律和党的各项规定，确保党的路线方针政策和决策部署得到贯彻执行。在政治立场、政治方向、政治

原则、政治道路上，全党必须始终与党中央保持高度一致，坚决维护党中央权威和集中统一领导。

其次，加强监督执纪问责工作是纪律从严的必然要求。党组织要切实履行监督责任，对党员干部的言行进行严格监督，对违反党纪的行为坚决查处、决不姑息。通过加强监督执纪问责，形成有效的震慑和警示作用，使全党上下始终保持清醒头脑，自觉遵守党的纪律和规矩。

最后，纪律从严的目的在于维护党的团结统一和行动一致。党的团结统一是党的生命，是党的力量所在。只有全党上下团结一心、步调一致，才能形成强大的战斗力和凝聚力，推动党和国家事业发展不断前进。因此，加强纪律建设、维护党的团结统一和行动一致，是党的事业发展的坚强纪律保障。

二、全面从严治党向农村基层延伸的必要性和紧迫性

1. 组织弱化的挑战

农村基层党组织是党在农村全部工作和战斗力的基础。然而，当前一些农村基层党组织面临着组织弱化的挑战，这主要表现在组织结构不尽完善、人员配备不够合理以及制度建设相对滞后等方面。

在组织结构方面，部分农村基层党组织设置不够科学，职能不够明确，导致工作效率低下，难以有效应对复杂多变的农村工作环境。同时，一些基层党组织的领导班子和干部队伍建设也存在不足，缺乏足够的专业素养和领导能力，难以发挥应有的引领作用。

在人员配备方面，农村基层党组织普遍面临着人才流失和青黄不接的问题。一些优秀党员和干部因各种原因离开农村，导致基层党组织缺乏新鲜血液和活力。同时，部分农村地区的人才引进和培养机制不够健全，难以吸引和留住高素质人才。

在制度建设方面，一些农村基层党组织的制度建设相对滞后，缺乏系统完备、科学规范、运行有效的制度体系。这导致一些基层党组织在工作中存

在随意性、盲目性和低效性等问题，难以形成有效的工作合力。

这种组织弱化现象对农村基层党组织的建设和发展造成了严重影响。它不仅削弱了基层党组织的战斗力和凝聚力，也制约了党在农村各项工作的开展。因此，加强农村基层党组织建设，提升组织力和凝聚力，已经成为全面从严治党向农村基层延伸的重要任务之一。

2. 功能虚化的风险

在农村基层党建工作中，一个值得关注的问题是部分党组织存在的"功能虚化"现象。具体来说，就是一些农村基层党组织虽然有着完整的组织框架和人员配置，但在实际工作中却表现出效能不高、服务群众和引领发展能力不足的问题。

这种现象的产生，往往与基层党组织职能定位不清晰、工作落实不到位有关。一些基层党组织在工作中缺乏明确的目标和计划，导致工作方向不明确，难以形成有效的工作合力。同时，部分基层党组织在服务群众和引领发展方面缺乏创新思路和有效措施，难以满足农民群众的实际需求，也难以有效引领农村经济社会发展。

这种功能虚化现象的存在，不仅削弱了农村基层党组织的群众基础和社会影响力，也降低了党在农村的执政效能。农民群众对基层党组织的信任度和支持度可能会因此下降，党的路线方针政策和决策部署在农村基层的贯彻执行也可能会受到阻碍。

3. 作风不实的问题

在农村基层工作中，作风问题是一个不可忽视的重要方面。一些农村党员干部在工作中表现出的形式主义、官僚主义等不正之风，已经成为制约农村基层党组织发挥作用的突出问题。

具体来说，部分农村党员干部在工作中往往过于注重表面工作，热衷于搞形式、走过场，而忽视了实际问题的解决。他们可能会为了应付上级检查或追求个人政绩，而搞经济数据造假、夸大工作成果等行为。这种作风不实现象不仅损害了农村基层党组织的形象和公信力，更严重的是，它阻碍了党

在农村各项政策的落地生根，使得农民群众难以真正受益。

造成这种作风不实问题的原因是多方面的。一方面，一些农村党员干部缺乏实干精神和担当意识，不愿意深入基层、深入群众去了解实际情况，解决问题。另一方面，部分农村地区的监督机制不够完善，对党员干部的行为缺乏有效的制约和监督，导致一些不正之风得以滋生蔓延。

三、农村基层党组织如何落实全面从严治党要求，提升组织力和战斗力

农村基层党组织作为党在农村的执政根基，必须全面落实全面从严治党要求，以提升组织力和战斗力，更好地服务群众、推动发展。具体来说，可以从以下几个方面着手：

1. 加强政治建设，筑牢思想防线

对于农村基层党组织而言，政治建设是提升其组织力和战斗力的根本保证。这要求农村基层党组织始终把政治建设摆在首位，确保党员干部在政治立场、政治方向、政治原则、政治道路上与党中央保持高度一致。

为了加强政治建设，农村基层党组织需要采取多种措施。首先，要定期组织党员干部进行政治学习，深入学习党的理论和路线方针政策，不断提高他们的政治觉悟和政治能力。通过学习，使党员干部更加坚定理想信念，增强对党的认同感和归属感。

其次，农村基层党组织要积极开展主题党日活动，引导党员干部在实践中锤炼党性、提升政治素养。主题党日活动可以围绕党的中心工作、重大节日、重要时间节点等开展，使党员干部在活动中受到教育、得到锻炼。

最后，农村基层党组织还要加强对党员干部的思想教育和心理疏导。要及时发现党员干部中存在的思想问题，通过谈心谈话、思想交流等方式进行引导和教育，帮助他们解决思想困惑、纠正错误认识。同时，要关注党员干部的心理健康，提供必要的心理支持和疏导，确保他们保持良好的心态和昂扬的斗志。

通过这些措施的实施，农村基层党组织可以筑牢党员干部的思想防线，确保他们在面对各种风险和挑战时能够保持清醒头脑、坚定立场。这将为提升农村基层党组织的组织力和战斗力提供坚实的思想基础。

2. 完善组织体系，提升组织效能

农村基层党组织作为党在农村的坚强战斗堡垒，其组织体系的完善与否直接关系到党的路线、方针、政策能否在农村得到有效贯彻和执行。因此，优化组织结构、完善组织设置，成为提升农村基层党组织组织力和战斗力的重要途径。

首先，农村基层党组织应致力于优化组织结构，确保党的组织和工作实现全覆盖。这包括根据农村实际情况，科学合理地设置基层党组织，确保党的组织和工作能够延伸到每一个村落、每一个农户。通过建立健全的组织网络，实现党对农村工作的全面领导。

其次，选优配强党组织书记和领导班子是提升农村基层党组织组织力的关键。要注重从优秀青年、致富能手、退役军人等群体中选拔培养村级后备干部，为基层党组织注入新鲜血液。这些群体中的优秀分子往往具有较强的领导能力和群众基础，能够带领广大农民群众共同致富、推动农村发展。

最后，加强党员队伍建设也是提升农村基层党组织战斗力的重要举措。要严格党员发展和管理，提高党员素质和组织凝聚力。通过加强党员教育、培训和管理，使广大党员始终保持先进性和纯洁性，发挥先锋模范作用。此外，还应建立健全党员激励、关怀、帮扶机制，增强党员的归属感和荣誉感。

通过这些措施的实施，农村基层党组织可以逐步建立起一支素质优良、结构合理的党员队伍和领导班子，为提升组织力和战斗力提供坚实的人才保障。同时，优化组织结构和完善组织设置也将使农村基层党组织更加贴近群众、服务群众，更好地发挥战斗堡垒作用。

3. 强化作风建设，密切联系群众

农村基层党组织作为党联系群众的桥梁和纽带，其作风建设直接关系到党在农村的执政基础和群众基础。因此，强化作风建设，密切联系群众，是

农村基层党组织提升组织力和战斗力的重要途径。

首先，农村基层党组织要牢固树立以人民为中心的发展思想。这要求党员干部始终把群众利益放在首位，切实改进工作作风，深入基层、深入群众，了解民情、倾听民意、集中民智。通过广泛听取群众意见和建议，更好地把握群众需求，为群众提供更加精准、有效的服务。

其次，农村基层党组织要积极开展"我为群众办实事"实践活动。这要求党员干部从群众最关心、最直接、最现实的利益问题入手，着力解决群众关心的热点难点问题。通过为群众办实事、解难事、做好事，不断增强群众的获得感、幸福感、安全感，进一步拉近党群干群关系。

再次，农村基层党组织要加强对党员干部的作风监督。要建立健全作风监督机制，及时发现和纠正形式主义、官僚主义等不正之风。对于存在作风问题的党员干部，要及时进行批评教育，督促其整改落实。通过加强作风监督，切实维护党和政府的形象，提升群众对党的信任度和支持度。

最后，农村基层党组织还要注重培养党员干部的群众观念和群众感情。要通过教育培训、实践锻炼等方式，引导党员干部增强公仆意识、服务意识，切实做到为民、务实、清廉。同时，要加强对党员干部的考核评价，将群众满意度作为重要指标，激励党员干部更加注重群众工作、更加密切联系群众。

4. 严明纪律规矩，加强监督执纪

农村基层党组织作为党的基层组织，必须始终严明党的纪律和规矩，确保党的各级组织和全体党员干部都能够在党的纪律和规矩的约束下行动，维护党的团结统一和高效运转。为此，加强对党员干部的监督管理，成为提升农村基层党组织战斗力和执行力的重要保障。

首先，农村基层党组织要定期组织党员干部学习党的纪律和规矩。这包括党章、党的纪律处分条例、党内政治生活准则等党内法规，以及国家法律法规。通过学习，使党员干部深刻理解党的纪律和规矩的内涵和要求，明确哪些可以做、哪些不可以做，增强纪律意识和规矩意识。同时，农村基层党组织还可以通过举办专题讲座、开展警示教育等方式，引导党员干部从中吸

取教训、引以为戒，自觉遵守党的纪律和规矩。

其次，农村基层党组织要加强对党员干部的监督执纪问责力度。要建立健全监督体系，包括党内监督、群众监督、舆论监督等多种方式，形成监督合力。对于发现的党员干部违反党纪国法的行为，要坚决查处、绝不姑息。同时，要落实"两个责任"，即党组织的主体责任和纪检机关的监督责任，确保监督执纪问责工作有人抓、有人管。在问责过程中，要坚持实事求是、依规依纪、宽严相济等原则，既严肃查处违纪违法行为，又保护党员干部的合法权益。

最后，加强纪律建设是维护党的纯洁性和先进性的必然要求。农村基层党组织要始终保持清醒头脑，认识到纪律建设对于提升组织战斗力和执行力的重要性。通过严明纪律规矩、加强监督执纪，及时清除党内的"害群之马"，维护党的肌体健康。同时，要加强正面引导和激励，表彰遵守纪律、表现优秀的党员干部，树立榜样、弘扬正气。

第三节　农村基层党建与自治、法治、德治融合

一、农村基层党建与自治、法治、德治之间的内在联系

在乡村治理的大背景下，自治、法治、德治三者并不是孤立的，而是相互渗透、相互促进的。农村基层党组织，作为这一治理体系的领导核心，其与自治、法治、德治之间有着深刻的内在联系。

1. 党建引领自治实践

自治是基层民主的重要体现，它让群众能够直接参与到基层事务的管理中来。在这一过程中，农村基层党组织发挥着举足轻重的作用。它不仅是党的声音的传播者，将党的政策和主张传达到每一个群众心中，更是自治活动的有力推动者。

具体来说，农村基层党组织通过定期的组织生活、民主议事等方式，激发群众的参与热情，引导他们积极参与到自治实践中来。同时，党组织还注重培养和选拔有能力、有威信的党员担任自治组织的领导职务，确保自治活动的正确方向和有效实施。

在自治实践中，农村基层党组织始终坚持党的领导，确保自治活动不偏离党的政策和主张。同时，党组织还积极引导群众依法自治，通过制定村规民约等方式，规范群众的行为，维护基层的和谐稳定。

2. 党建保障法治建设

法治作为现代社会治理的基础，对于乡村治理而言，具有不可或缺的重要性。在这一进程中，农村基层党组织的作用尤为关键，它为法治建设提供了坚实的组织保障。

首先，农村基层党组织始终坚守法治原则，带头尊法学法守法用法。这不仅体现在党组织自身的运作中严格遵守法律法规，更在于通过实际行动为群众树立了良好的法治榜样。党组织的这种表率作用，有力地推动了乡村法治文化的形成和发展。

其次，为了提升群众的法治意识和法律素养，农村基层党组织积极普及法律知识，定期开展法治教育活动。这些活动形式多样，内容丰富，旨在帮助群众更好地理解法律精神，掌握法律知识，从而在日常生活中能够自觉运用法律武器维护自身权益，规范自身行为。

最后，农村基层党组织在依法支持和保障村民自治实践方面发挥着重要作用。它确保自治活动在法律框架内规范运行，既尊重了群众的自治权利，又维护了法治的严肃性和权威性。这种党建与法治的深度融合，不仅提升了乡村治理的效能，也为乡村社会的和谐稳定提供了有力保障。

3. 党建促进德治提升

在乡村治理体系中，德治以其独特的柔性力量，对提升社会文明程度、构建和谐乡村具有不可替代的作用。农村基层党组织作为乡村治理的领导核心，其在促进德治方面的作用至关重要。

为了营造良好的社会风尚，农村基层党组织积极引领和弘扬社会主义核心价值观。通过组织丰富多彩的文化活动、宣传先进典型事迹等方式，党组织将社会主义核心价值观融入乡村生活的方方面面，使之成为群众的自觉追求和行动指南。这种引领不仅提升了乡村社会的道德水平，也为乡村治理提供了强大的精神动力。

此外，农村基层党组织还注重发挥道德讲堂、道德模范评选等活动的教化作用。通过这些活动，党组织引导群众树立正确的道德观念和价值取向，激励他们向善向上、争当先进。这种正能量的传递和放大效应，有力地促进了乡村社会的和谐稳定和文明进步。

同时，农村基层党组织非常注重党员的先锋模范作用。党员们以身作则、率先垂范，用实际行动践行社会主义核心价值观，为群众树立了良好的道德标杆。这种以党员为引领的德治实践，不仅增强了党组织的凝聚力和战斗力，也带动了更多群众参与到德治建设中来。

二、农村基层党建在推动自治、法治、德治融合中的重要作用

1. 组织建设的坚实保障

在推动自治、法治、德治融合的进程中，农村基层党组织始终发挥着核心作用，而这一作用的发挥，离不开党组织自身组织建设的坚实保障。

农村基层党组织通过不断加强组织建设，优化组织结构，完善组织体系，使得党组织的根基更加稳固，组织力得到显著提升。这种组织力的提升，不仅仅表现在党组织规模的扩大和覆盖面的增加上，更重要的是体现在党组织的执行力和影响力上。党组织能够更加高效地贯彻落实党的政策和决策，更加有力地引领和推动乡村治理的各项工作。

为了进一步提升组织力，农村基层党组织还注重选拔和培养具有领导能力和专业素养的党员干部。通过严格的选拔程序和专业化的培训，这些党员干部不仅具备了扎实的理论基础和丰富的实践经验，而且能够更好地理解和

执行党的政策和决策，成为推动乡村治理的中坚力量。他们的加入，使得农村基层党组织在执行力和影响力上得到了进一步的提升，为自治、法治、德治的融合提供了更加坚实的组织保障。

2. 党员干部素质的全面提升

在乡村治理体系中，党员干部的素质直接关系到党的路线方针政策的贯彻执行，以及自治、法治、德治融合的推进效果。因此，农村基层党组织始终把提升党员干部素质作为一项重要任务来抓。

为了提升党员干部的素质，农村基层党组织加强了思想政治教育，通过组织学习党的理论和路线方针政策，引导党员干部坚定理想信念，提高政治觉悟。同时，党组织还注重法治观念的培养，通过普及法律知识、开展法治教育等方式，帮助党员干部增强法治意识，树立法治观念。此外，道德素养的提升也是党员干部素质培养的重要方面，党组织通过弘扬社会主义核心价值观、开展道德实践活动等方式，引导党员干部树立良好的道德风尚，提升个人魅力。

这种全面的素质提升，使得党员干部能够更好地理解和执行党的路线方针政策，带头遵守法律法规，积极践行社会主义核心价值观。他们在工作中以身作则、率先垂范，为群众树立了良好的榜样，也为自治、法治、德治的融合创造了良好的人文环境。同时，党员干部素质的提升也增强了党组织的执行力和影响力，使得党组织在推动乡村治理各项工作中更加得心应手、游刃有余。

3. 制度机制的完善与创新

在推动自治、法治、德治融合的过程中，农村基层党组织始终认识到，制度机制的完善与创新是确保乡村治理工作有序、高效进行的关键。因此，党组织致力于建立健全各项制度，以推动乡村治理的规范化、制度化。

其中，民主集中制是党组织工作的重要原则，它确保了党组织内部的民主决策和科学决策。通过充分发扬民主，广泛听取党员和群众的意见和建议，党组织能够形成更加符合实际、更加科学合理的决策。同时，党委议事规则的制定和实施，进一步规范了党委的决策程序和行为，提高了党委工作的透明度和公信力。

此外，村务公开制度也是农村基层党组织推动制度机制完善与创新的重要内容之一。通过定期公开村务信息，包括财务收支、政策落实、项目建设等方面的情况，群众能够更加清晰地了解村务管理的真实情况，从而有效地行使自己的知情权、参与权、表达权和监督权。这种公开透明的村务管理方式，不仅增强了群众对党组织的信任和支持，也促进了自治实践的深入开展。

这些制度的建立和完善，为自治、法治、德治的融合提供了坚实的制度保障。它们确保了乡村治理的各项工作在法治和道德的轨道上稳步前行，有效地维护了乡村社会的和谐稳定和持续发展。同时，这些制度也为群众参与乡村治理提供了更加广阔的平台和渠道，激发了群众的积极性和创造性，推动了乡村治理体系和治理能力现代化的不断提升。

4. 群众参与的热情激发与引导

在乡村治理实践中，农村基层党组织始终认识到，群众的广泛参与是推动自治、法治、德治融合的重要力量。因此，党组织积极发挥战斗堡垒作用和党员先锋模范作用，努力激发和引导广大农民群众积极参与乡村治理。

为了激发群众的参与热情，农村基层党组织通过组织各种自治活动，如定期的村民大会、村民代表会议等，为群众提供了表达意见、参与决策的平台。在这些活动中，群众可以就村庄的公共事务、公益事业等发表自己的看法，提出自己的建议，从而直接参与到乡村治理中来。这种参与不仅增强了群众的责任感和归属感，也推动了自治实践的深入发展。

同时，农村基层党组织还注重提高群众的法治意识和法律素养。通过组织法律知识讲座、法治宣传教育活动等，党组织向群众普及了法律知识，帮助他们了解了法律的作用和意义。这使得群众在参与乡村治理时能够更加理性地表达诉求、维护权益，推动了乡村法治建设的进程。

在德治方面，农村基层党组织通过弘扬中华民族优秀传统文化、开展道

德讲堂等活动，引导群众树立正确的道德观念和价值取向。这些活动以群众喜闻乐见的形式进行，既丰富了群众的文化生活，又提升了他们的道德素养。在这种崇德向善的氛围中，群众更加自觉地遵守社会公德、家庭美德等道德规范，为乡村社会的和谐稳定贡献了自己的力量。

三、如何实现农村基层党建与自治、法治、德治的有效融合，推动农村社会治理创新

1. 制度建设：构建完善的乡村治理制度体系

在推动农村基层党建与自治、法治、德治的有效融合过程中，制度建设是首要的、基础性的工作。构建完善的乡村治理制度体系，可以为各方参与治理提供明确的指导和规范，确保治理工作的有序性和高效性。

首先，完善村民自治制度是核心。村民自治制度是实现乡村有效治理的基本途径，也是确保群众依法行使自治权利的重要保障。通过修订和完善相关法规，进一步明确村民大会、村民代表会议等自治组织的地位和作用，规范自治组织的运作程序，可以确保群众在乡村治理中的主体地位得到充分体现。

其次，制定乡村治理相关法规和政策是关键。这些法规和政策应涵盖乡村治理的各个方面，如土地管理、环境保护、公共服务等，为治理工作提供全面的法律保障和政策支持。在制定这些法规和政策时，应广泛征求群众意见，确保其符合乡村实际和群众需求。

最后，建立多方参与、协同治理的工作机制是重要环节。这种机制可以促进党组织、政府、群众团体等各方力量的合作与协调，形成推动乡村治理的强大合力。通过定期召开联席会议、建立信息共享平台等方式，加强各方之间的沟通与联系，确保治理工作的顺畅开展。

同时，加强对制度执行情况的监督和评估也是必不可少的一环。通过建立健全的监督体系，对治理工作的各个环节进行实时监控和定期评估，可以及时发现并纠正存在的问题和不足，确保制度得到有效落实并不断完善。这

种监督和评估应以客观、公正的态度进行，既要肯定成绩和进步，也要正视问题和挑战，为乡村治理的持续改进提供有力支持。

2. 宣传教育：提升农民群众的自治意识、法治意识和道德水平

在推动农村基层党建与自治、法治、德治融合的过程中，农民群众作为乡村治理的主体力量，他们的思想意识和道德水平直接关系到治理的成效。因此，提升农民群众的自治意识、法治意识和道德水平，成为实现有效融合不可或缺的一环。

为了提升农民群众的自治意识，应积极开展关于自治知识的宣传教育活动。这些活动可以通过举办讲座、发放宣传资料、制作宣传栏等多种形式进行，旨在向农民群众普及自治的概念、原则和实践方式。通过这种方式，农民群众能够更加深入地了解自治的意义和作用，从而更加积极地参与到乡村治理中来。

在法治意识方面，宣传教育活动应着重于普及法律知识，特别是与农民群众生产生活密切相关的法律法规。通过组织法律专家举办讲座、开展模拟法庭活动、制作法治宣传片等方式，可以让农民群众更加直观地了解法律的重要性和威严性，从而在日常生活中更加自觉地遵守法律、维护法治。

为了提升农民群众的道德水平，宣传教育活动应注重弘扬中华民族优秀传统文化和社会主义核心价值观。可以通过开展道德讲堂活动，邀请道德模范进行宣讲，或者举办道德评议活动等方式，引导农民群众树立正确的道德观念和价值取向。同时，还应注重发挥农村基层党组织和党员的示范引领作用，通过他们的实际行动带动群众践行社会主义核心价值观，营造良好的道德风尚。

3. 组织建设：优化农村基层党组织设置和工作方式

在推进农村基层党建与自治、法治、德治的有效融合中，农村基层党组织扮演着举足轻重的角色。为了实现这一融合目标，必须对党组织的设置和工作方式进行优化，进而提升其组织力和战斗力，更好地引领乡村治理工作。

首先，强化党组织对乡村治理的领导作用至关重要。党组织应被确立为

乡村治理的核心领导力量，通过完善其工作机制和决策程序，确保党组织在乡村治理中的引领作用得到有效发挥。具体而言，可以建立健全党组织领导下的村民自治机制，确保村民自治活动在党的领导下有序开展；同时，完善党组织决策程序，确保决策的科学性和民主性，从而引领乡村治理工作沿着正确的方向发展。

其次，加强党员干部队伍建设是提升党组织战斗力的关键。通过选拔和培养一批素质高、能力强的党员干部，可以为党组织注入新的活力和动力。为此，应建立健全党员干部选拔任用机制，注重从基层和实践中选拔优秀干部；同时，加强党员干部的培训和教育，提升他们的政治觉悟、业务能力和道德素质，使其更好地适应乡村治理工作的需要。

最后，推动党组织与群众组织的紧密联系和合作是实现有效融合的重要途径。党组织应积极与各类群众组织建立联系机制，加强沟通与协作，共同推进乡村治理工作。通过定期召开联席会议、开展联合活动等方式，可以增进党组织与群众组织之间的相互了解和信任，形成推动乡村治理的强大合力。

4. 队伍建设：培养一支懂农业、爱农村、爱农民的"三农"工作队伍

在推动农村基层党建与自治、法治、德治融合的过程中，人才是关键因素。为了确保这一融合进程的顺利推进，必须致力于培养一支既懂农业知识，又深爱农村和农民的"三农"工作队伍。

这支队伍的成员不仅要具备丰富的农业专业知识，还应拥有广泛的实践经验，以确保他们能够深入理解农村的现实需求和挑战。通过系统的培训和教育，可以不断提升他们的专业素养和实践能力，使他们能够更好地服务于农村的发展。

同时，对这支队伍的管理也不容忽视。建立健全的管理制度，明确工作职责和考核标准，可以确保队伍的高效运作和持续发展。此外，积极营造良好的工作氛围，鼓励创新和合作，也是提升队伍整体工作效能的重要途径。

为了进一步增强"三农"工作队伍的力量，还应注重从优秀的农民群众中选拔和培养人才。这些人才熟悉农村环境，了解农民需求，他们的加入将为乡村治理注入新的活力和智慧。通过实施定向培养计划、建立人才库等方式，可以为乡村治理提供源源不断的人才支持。

5. 信息化建设：运用现代信息技术手段提高乡村治理效率和水平

在乡村治理领域，现代信息技术手段的广泛应用正日益成为提升治理效率和水平的关键驱动力。通过构建信息化平台、推广智能化应用以及利用大数据和云计算等先进技术，不仅可以显著提高治理工作的效率，还能有效增强治理的透明度和公信力，为农村社会的和谐稳定发展提供有力支撑。

首先，建设信息化平台是实现信息共享和数据互通的基础。通过搭建统一的信息化平台，可以将乡村治理相关的各类信息进行整合和共享，打破信息孤岛，实现数据互通。这样一来，治理工作的各个环节就能更加紧密地衔接起来，避免因信息不畅而导致的重复劳动和资源浪费。同时，信息化平台还能为群众提供更加便捷的信息查询和服务渠道，提高群众对治理工作的满意度。

其次，推广智能化应用是提高治理效率的重要手段。随着人工智能、物联网等技术的不断发展，越来越多的智能化应用开始走进乡村治理领域。比如，通过安装智能监控设备，可以实现对乡村治安的实时监控和预警；利用智能水务系统，可以实现对农村水资源的科学管理和调配。这些智能化应用的应用，能够极大地提高治理工作的自动化和智能化水平，减轻人工负担，提高治理效率。

最后，利用大数据、云计算等现代信息技术手段对乡村治理进行智能化分析和决策支持是提升治理水平的重要途径。通过对海量数据的收集、整理和分析，可以更加深入地了解农村社会的运行规律和发展趋势，为制定更加科学、合理的治理策略提供有力支持。同时，云计算等技术的应用还能够为乡村治理提供强大的计算能力和存储空间，满足日益增长的数据处理需求。

参考文献

[1] 韦姿岚. 农村基层干部奋战乡村振兴的困境及策略 [J]. 农村. 农业. 农民, 2023（5）: 40-42.

[2] 周华国. 农村基层干部践行网上群众路线的问题及路径 [J]. 韶关学院学报, 2023, 44（7）: 92-97.

[3] 杨德友. 乡村振兴背景下农村基层干部引领力的强化研究 [J]. 江苏农业科学, 2023, 51（3）: 236-241.

[4] 李梦华, 陈风. 乡村振兴战略下农村基层干部学历教育实践与探索 [J]. 南北桥, 2023（16）: 136-138.

[5] 章楠, 何兵. 农村基层干部培训师资队伍建设研究 [J]. 国家林业和草原局管理干部学院学报, 2022, 21（3）: 30-37.

[6] 时高畅, 苏立宁. 基于扎根理论的担当型农村基层干部素质特征研究 [J]. 宿州学院学报, 2023, 38（1）: 22-27.

[7] 薛仁喜, 亓金锋. 乡村振兴战略背景下农村基层干部素质提升途径研究 [J]. 山东开放大学学报, 2023（3）: 25-28.

[8] 姜旭东. 乡村振兴背景下农村基层干部素质提升对策探究 [J]. 农家参谋, 2022（17）: 13-15.

[9] 李向荣, 姜居波. 山东农村基层干部素质提升教育创新实践研究 [J]. 山东开放大学学报, 2022（3）: 16-18.

[10] 石佳怡. 乡村振兴视域下培养高素质农村基层干部路径探析 [J]. 广州广播电视大学学报, 2022, 22（4）: 39-44.

[11] 林月丹. 乡村振兴背景下农村基层干部素质提升研究 [J]. 农业经济,

2021（6）: 75-77.

[12] 赵磊社. 乡村振兴背景下农村基层干部优化实现路径 [J]. 当代农村财经, 2022（6）: 2-5.

[13] 赵俊凤. 乡村振兴背景下农村基层干部的素质提升对策 [J]. 农家参谋, 2022（8）: 19-21.

[14] 尚晓萍. 城乡统筹背景下农村基层干部培训创新研究 [J]. 农家参谋, 2022（6）: 4-6.

[15] 王君. 新时代提升农村基层干部经济领导力研究 [J]. 襄阳职业技术学院学报, 2022, 21（3）: 100-104, 118.

[16] 鲁君. 乡村振兴战略下的农村基层干部作风建设 [J]. 西北农林科技大学学报（社会科学版）, 2021, 21（4）: 24-32.

[17] 刘晓雪. 乡村振兴背景下农村基层干部素质研究 [J]. 新丝路, 2023（12）: 22-24.

[18] 李国炜. 农村基层干部队伍建设存在的问题及原因分析 [J]. 办公室业务, 2021（10）: 164-165.

[19] 刘欣, 杨永杰. 乡村振兴背景下农村基层干部学历提升探究——以"北京市农村基层干部人才培养工程"为例 [J]. 安徽农业科学, 2022, 50（18）: 242-244, 248.

[20] 姚冰洋, 廉伟. 伟大建党精神视域中农村基层干部助推乡村振兴的逻辑进路 [J]. 农业经济, 2022（8）: 39-41.

[21] 李霖, 欧阳丽. 乡村振兴背景下广州培养农村基层干部的价值、困境与对策 [J]. 广州广播电视大学学报, 2022, 22（4）: 33-38.

[22] 孙珂, 杨海超, 晏源. 新时代边疆民族地区农村基层干部人才培养的省思与远瞩 [J]. 广州广播电视大学学报, 2022, 22（4）: 45-49.

[23] 周佳妮. 乡村振兴背景下农村基层干部直播带货现象研究 [J]. 新媒体研究, 2021, 7（7）: 96-98.

[24] 王丽莉. 乡村振兴战略背景下农村基层干部队伍建设研究 [J]. 农家参谋,

2021（8）：20-21.

[25] 毛苏苏 . 乡村振兴视阈下农村基层干部素质能力提升发展研究——以山东省泰安市泰山区为例 [J]. 老区建设，2022（21）：27-32.

[26] 郭护团，马燕 . 脱贫攻坚背景下农村基层干部培训体系的创新与实践 [J]. 继续教育研究，2021（2）：84-86.

[27] 杨金江 . 疫情防控常态化背景下农村基层干部教育培训研究 [J]. 云南农业大学学报（社会科学版），2021，15（2）：22-27.

[28] 邹燕华 . 农村基层干部奋战乡村振兴的困境及策略 [J]. 农家参谋，2023（32）：172-173.

[29] 王光丽 . 乡村振兴背景下农村基层干部教育的实践与探索 [J]. 南方农机，2022，53（21）：175-177，187.

[30] 朱希敏 . 农村基层干部素质的提升研究 [J]. 经济与社会发展研究，2022（19）：124-127.